"教育现场的儿童研究"丛书

主编 刘慧

儿童生活中的语言与习得

一项关于儿童语言能力发展的个案研究

欧群慧
赵子欧
著

首都师范大学出版社

CAPITAL NORMAL UNIVERSITY PRESS

图书在版编目（CIP）数据

儿童生活中的语言与习得：一项关于儿童语言能力
发展的个案研究 / 欧群慧，赵子欧著. -- 北京：首都
师范大学出版社，2024.12. --（教育现场的儿童研究丛
书 / 刘慧主编). -- ISBN 978-7-5656-8750-1

Ⅰ. H09

中国国家版本馆 CIP 数据核字第 2024ZM5215 号

ERTONG SHENGHUO ZHONG DE YUYAN YU XIDE

儿童生活中的语言与习得

——一项关于儿童语言能力发展的个案研究

欧群慧　赵子欧　著

责任编辑　凌　江

首都师范大学出版社出版发行

地　　址　北京西三环北路 105 号
邮　　编　100048
电　　话　68418523（总编室）　68982468（发行部）
网　　址　http://cnupn.cnu.edu.cn
印　　刷　北京印刷集团有限责任公司
经　　销　全国新华书店
版　　次　2024 年 12 月第 1 版
印　　次　2024 年 12 月第 1 次印刷
开　　本　710mm×1000mm　1/16
印　　张　10.25
字　　数　174 千
定　　价　39.00 元

"教育现场的儿童研究"丛书总序

　　儿童问题是教育的根本问题。对小学儿童的认识与理解是小学教育的前提与基础。小学教育实际上是儿童教育，儿童教育是为了儿童的教育，是关爱儿童的教育，是促进儿童生命健康成长的教育。小学教师的使命是促进儿童生命健康成长，若缺乏有关儿童研究的理论，不懂儿童，是难以成为合格的小学教师的。那么，儿童是谁？儿童需要什么？成人要理解儿童什么？怎么才能真正理解儿童？这些问题成为儿童教育必须要回应的前提性、基础性问题。为此，我们策划了这套"教育现场的儿童研究"丛书，欲立足于教育学者的立场与视角，开展教育现场的儿童研究，将研究从"学科本位"转向"以人为本"，从对儿童的教育研究转向对儿童的研究，专注于教育场中具体的、鲜活的、个体的儿童研究。

　　儿童不是小大人。儿童的存在、儿童的生活并不是单纯地为了成人、为了成人生活做准备，儿童的存在本身就有其独特的生命价值，儿童的生活本身就有儿童生命的意义。关注儿童在教育生活中的状态，研究教育现场中的儿童，描述鲜活的、独特的儿童个体生命状态，是开展以儿童为本、体现儿童主体性、为了儿童之教育的基础和前提。

　　儿童及其发展，既是教育学世界中的原点性问题，又是教育生活中的现实性问题。人是教育的出发点，人的成长与发展是从儿童开始的，所有面向人的教育及其研究，都需要回到儿童。今天，关于儿童的研究已成为新时代基础教育研究的一个重心，重视儿童的地位与价值已成为基础教育改革的一个方向。新时代的小学教育也在凸显着儿童的中心地位、主体作用，课程以学生发展的核心素养为主线，教学也更加关注与儿童生命发展状态相适应的跨学科教学形式。

　　现实中许多小学教师不懂儿童。相对而言，小学教师掌握的小学教育知识与技能比较多，而有关儿童的知识非常有限。我曾持续多年在多地国培①班调研小学教师是否了解儿童，当问及小学教师是否了解小学儿童、是否知道儿童有何需要时，无论是通过他们对儿童绘画的"看图解意"、对儿童日记的"文本解读"，还是讲述他们认为的儿童需要的故事，都传达了他们对儿童需要知之甚少，而更多的是教师自己认为的。其实，现实中许多成人不仅不懂儿童，而且还不相信儿童；在与儿童交往中不善待儿童、看不见儿童的现象颇为常见。

造成上述现象之主要原因有二。一是儿童世界不同于成人世界，人在成年后就难以回到儿童世界，正如法国作家圣-埃克苏佩里在《小王子》开篇中写道的："尽管所有的大人都曾经是孩子，可惜只有很少一些大人记得这一点。在大人和孩子之间有一条深深的鸿沟，以至于大人总是难以理解并漫不经心地对待孩子的那些看似奇怪且无用的想法，只有孩子才知道自己真正要寻找的是什么！"二是成人缺乏对儿童的认识与理解，即缺乏有关儿童知识的学习，缺乏读懂儿童的能力，其根源之一是缺乏教育学视角的对儿童的研究。

儿童研究是小学教育学、小学教师教育学学科建设的重要基础。2006年9月，我进入小学教师教育界工作，通过对小学教师教育学、初等教育学、小学教育现场的研究，越来越清晰地意识到，认识儿童、理解儿童、读懂儿童是小学教育、小学教师教育的基础。作为教育理论工作者、小学教师教育者，只有积极主动地成为儿童的研究者，才可能看到教育世界的丰富性，才能从抽象的儿童认知走向具体的儿童理解，从而才能更好地培养小学教师与儿童积极有效地交往，更好地促进儿童生命的健康成长。

我们的儿童研究，起步于2009年小学教育专业人才培养方案的修订工作，预增设"儿童研究专题"课程，作为全院选修课。但此课"教什么、如何教"，对我们而言是全新的课题，当时作为教学副院长的我领衔组织教师团队进行课程建设，经过两年的准备，于2012年秋正式开课。之后，在我主持的教育部高等学校"专业综合改革试点——小学教育专业"项目中启动了小学教育专业课程地图研制工作，提出小学教师的核心素养是认识小学儿童、理解小学教育、发展教师自身三个维度。这进一步明确了小学儿童在小学教育专业建设中的重要位置，并提出了""认识小学儿童"维度的课程内容体系，围绕儿童生命，从身体、心理、道德、权益等方面设计了

---

① 中小学教师国家级培训计划，简称"国培计划"，由教育部、财政部2010年全面实施，是提高中小学教师特别是农村教师队伍整体素质的重要举措。

一系列课程，也将"儿童专题研究"课程内容集中于儿童生命的天性、需要与表达等方面。这门课程由选修变为必修，并于 2023 年在课程基础上出版了第一部有关儿童研究的教材《儿童生命概论》。

对儿童的研究，我们还依托首都师范大学儿童生命与道德教育研究中心。该中心自 2012 年成立以来，围绕儿童研究、生命教育、道德教育等主题举办了一系列活动。其中，关于儿童研究的会议有八次，其主题分别是"看见儿童"（2015）、"重新发现儿童"（2015）、"走近儿童——2015 级'儿童需要与表达'教学展演"（2017）、"阅读与儿童生命教育——多领域跨界研讨"（2016）、"关爱儿童——海峡两岸论坛"（2018）、"教育现场的儿童研究"（2020）、"为了儿童"（2021）、"儿童生命安全教育"（2024）。

我们对儿童的研究主要遵循两个"回到"。一是回到儿童生命之中，认识儿童是谁。即回到儿童生命本身来看，儿童是独一无二的生命个体，也是一个未完成态的人，是充满多种可能性之人，也是生命潜能有待实现之人。为此，儿童研究应回到儿童的天性、需要与表达之中，关注儿童的情绪情感感受、生命需要、真实的生命状态。二是回到儿童的生活之中，明晰儿童生命健康成长的方向何在。儿童的生命健康成长方向应是一种健康的状态、快乐的成长、追求成为优质自己。为此，儿童研究应关注儿童的经历、经验、境遇，关注儿童的学校生活与家庭生活，关注儿童的兴趣、爱好与潜能实现。

这套"教育现场的儿童研究"丛书是基于我们长期以来对儿童研究的成果，由首都师范大学初等教育学院刘慧教授策划和主编的，主要由首都师范大学儿童生命与道德教育研究中心成员的系列学术专著构成。倡导教育现场的儿童研究是我们的主张，该丛书作者力图从传统的思辨研究转向基于资料的实证研究，强调儿童研究要回归教育实践，在儿童生活的家庭、学校与社会等多元场域之间进行思考和探索，甚至以参与者、介入者、改变者的角色，在研究的过程中与儿童共生共长。我们希望通过回归儿童生命，扎根儿童日常生活世界，研究教育现场的儿童，以教育学者独特的眼光，为高质量的中国基础教育改革与发展贡献出具有本土特色的研究成果。

刘慧

2024 年冬于西山艺境

目　录

绪　论 / 1

第一章　儿童词汇及口语表达发展 / 11

　　第一节　儿童词汇及口语表达能力发展概述 / 11

　　第二节　学龄前儿童词汇快速发展时期 / 13

　　第三节　儿童对词汇的理解在运用中逐步深入 / 18

　　第四节　儿童句法能力的发展 / 28

　　第五节　儿童叙事性口语语篇能力的发展 / 34

　　第六节　如何构建促进儿童口语能力发展的语言环境 / 44

第二章　儿童阅读能力发展 / 56

　　第一节　儿童阅读能力发展概述 / 56

　　第二节　重视学龄前儿童的早期阅读 / 58

　　第三节　入学后儿童阅读的两个阶段 / 62

　　第四节　儿童在阅读中运用的策略 / 66

　　第五节　影响儿童阅读策略使用的因素 / 79

　　第六节　家长应如何培养儿童的阅读能力 / 91

第三章　儿童书面表达能力发展 / 100

　　第一节　儿童书面表达能力概述 / 100

　　第二节　儿童口语表达与书面表达的关系 / 103

　　第三节　儿童在写作中表达了什么 / 108

　　第四节　儿童写作能力发展的过程 / 111

　　第五节　利用读者意识引导儿童习作 / 124

　　第六节　为什么儿童写作常常用"今天"开头 / 131

　　第七节　家庭如何帮助儿童提高写作能力 / 137

结　语 / 144

参考文献 / 151

后　记 / 153

绪　　论

一、问题的提出

(一)关于儿童语言发展的研究回顾

语言是人类最重要的交际工具，亦是人类认识世界的重要工具。语言是一个极为复杂的系统，包括语音、词汇、语义、语法以及语言运用。尽管语言是一个复杂的系统，但是对于一个正常的人来说，只要他在正常的生活环境中长大，最终都能够习得母语。许多心理学家、语言学家、教育学家、哲学家、认知科学家等都对这一现象产生了好奇，他们将儿童语言发展作为重要的研究领域。儿童语言发展是各个学科领域研究的一个热点话题，也是一个争议不断、充满挑战的研究领域。

在人类的文化历史征程中，对儿童语言发展的探秘也取得了很多成果。关于儿童母语习得和发展影响较大的主要有下面几个理论：斯金纳的行为主义理论、乔姆斯基的普遍语法学说、皮亚杰的认知建构理论和维果茨基的社会交互理论等。

斯金纳(Skinner，1904—1990)认为，人类的学习行为主要是由操作性反射完成的，他很重视 R(反应)型条件反射，认为其在学习过程中尤为重要。儿童学会学习的过程就是形成习惯的过程，行为是学习者对环境刺激所做出的反应。人的行为完全决定于外部环境，内部心理过程是环境产生行为的副产品。不能用神经系统的活动去解释行为原因，要把意识排除在外，强调环境的重要性。[①] 虽然行为主义理论在某种程度上为儿童如何学习语言提供了一种合理的解释方式，但忽略了行为主体的主观能动性和适应性。

从 20 世纪 60 年代开始，儿童语言研究的最大变化是乔姆斯基(Chomsky，1928—)的先天语言能力说取代了行为主义理论的刺激—反应联结说。乔姆斯基认为儿童天生就有一种受先天遗传因素决定的"语言习得机制"，使得儿童在外界"刺激贫乏"的条件下也能习得母语语法系统，使语

---

① Skinner B F. Verbal Behavior，New York：Appleton Century-Crofts，1957.

法规则内化。① 该理论亦认为语言是一个有着高度组织性的抽象规则系统，而人类先天具有普遍的语法能力，因此儿童获得语言的过程在 4 岁内就能完成，其获得过程就是由普遍语法向个别语法转化的过程，其结果是儿童会获得一套支配语言行为的特定规则系统。乔姆斯基提出的语言天赋论认为，所有儿童都能在较短时间内快速掌握各自的母语。普遍语法学说促使人们思考儿童对语言究竟知道些什么。尽管解决了儿童是怎样学会母语的问题，但乔姆斯基并未提供普遍语法所依存的证据，而且他提出的只是一个假说，有待证实。虽然天赋论的语言习得论较之行为主义理论有了很大的进步，但它低估了环境在语言习得中的作用。

20 世纪 50 年代，以皮亚杰(Piaget J，1896—1980)为代表的认知论诞生。"这种理论认为儿童语言的发展是天生的心理认知能力与客观经验相互作用的产物，认知能力的发展决定了语言的发展；语言能力不能独立于认知能力而存在，语言的习得是一种认知结构的动态建构过程。"② 可见，认知论并不反对天赋论，但更强调儿童语言发展与儿童所处环境的关系，儿童在环境中获得的直接经验会被"编码"到儿童的思维中，并由经验转化成词语表征，同时伴随着认知能力的发展而发展。皮亚杰提出的认知建构理论用建构的观点解释人的认识的发生和发展，深入探讨了主体认识过程的具体机制，把认识过程主要区分为图式、同化、顺应、平衡和自我调节五个环节。③ 他认为语言不是一个单独的技能，是几个认知能力中的一种；语言结构随着认知结构的发展而发展，儿童必须先认知世界，然后才能学会词汇；学习者通过改变自身的认知结构而适应外部环境。他强调行为主体和客体之间的相互作用，对深入研究认知结构的形成和发展，推动认识论的发展具有积极的意义，在一定程度上弥补了行为主义和天赋论的不足，但其理论仍没有全面探讨人类语言的习得到底需要多少认知前提，凸显了个体的认知因素，弱化了社会因素的作用。

社会交互理论的代表人物是维果茨基(Lev Vygotsky，1896—1934)，他强调社会互动，同时注重个体和环境的相互作用，认为儿童是通过与成年人和较大儿童密切互动来习得语言的，语言结构是由语言的社会和交际

---

① Chomsky N. Knowledge of Language: Its Nature, Origin, and Use, New York: Praeger, 1986.

② 李宇明：《儿童语言的发展》，武汉：华中师范大学出版社，2004 年。

③ Piaget J. Judgement and reasoning in the child, New York: Harcourt, Brace, 1928.

功能的需要而产生的，知识来自人类文化，但他认为人的心理机能的成熟是由外到内发展的。[①]

另外，近期的一些研究认为，语言学习植根于儿童对他人交流意图的理解、对共同视觉注意的敏感以及模仿语言的愿望。如功能语言学派的代表人物韩礼德（Halliday，1925—2018）将语言看作社会行为，认为应该从语言社会功能的角度来分析和解释儿童语言习得的过程和本质，即儿童是在与社会的相互作用中习得社会语义系统，然后逐步习得"儿童语言"和成人语言的。[②]

关于儿童语言发展的理论，除了以上介绍的主要的理论流派，还有一些新的理论在不断丰富这一领域的研究。儿童语言的发展是非常复杂的，这些理论对于帮助我们认识和了解儿童语言的发展起到了非常重要的帮助。这些理论都从某一方面揭示了个体语言发展的关键要素，虽然存在各自的局限性，但都有其合理的一面，对于我们理解儿童语言发展都有一定的启发，对于我们指导儿童语言教育也都有很大的启发。

（二）儿童语言发展与儿童语言教育的关系

探讨儿童语言发展，不仅有助于揭开儿童语言发展的奥秘，也有助于我们进行儿童语言教育。例如，应该分别在什么时候培养儿童的各项语言能力？成人在儿童不同的发展阶段应该给予他们什么帮助？如何帮助他们最为有效？什么样的语言训练方法才是科学的、有效的？这一切都必须有规可循，有据可依。

儿童时期是语言发展的重要时期。因此在儿童早期教育中，应该尤其重视对儿童语言能力的培养，将对儿童语言能力的培养视为儿童思维方式、生活技能、社会性发展和学习其他学科知识的基础。语言不仅是词汇、句子和发声的组合，更是一种认知和思维的表达方式，关系到多种能力的综合运用。对于个体来说，儿童早期言语发展水平与儿童的发展在很大程度上存在相关性，例如词语流畅性的局限会使儿童思维能力受到限制。儿童所有关于言语方面的问题最终都会增加他们获取知识的困难。

儿童语言发展不仅受制于儿童先天的语言学习能力，而且也不可避免

---

① Vygotsky L S. Mind in sicieth: the development of higher psychological process, Cambridge, MA: Harvard University Press, 1978.

② Halliday M A K. The language of early childhood, Beijing: Peking University Press, 2007.

地受到后天的影响。家庭是儿童语言发展中最为重要的环境。儿童生活和习得语言的不同文化背景、不同语言环境都会给儿童的语言习得带来不同的影响，使儿童在语言发展速度、方式、重点等方面出现差异。重视并认真研究不同因素对儿童语言发展的影响，并在此基础上采取一些行之有效的措施，对于儿童语言发展的促进有很好的推动作用。

从教育的层面来讲，对影响儿童语言发展的因素的研究可以揭示儿童语言的发展规律，根据儿童语言发展的规律，把握影响儿童语言发展的主要因素，对于儿童语言教育工作具有很重要的理论指导意义。

"发展"是指事物随时间而发生的变化，包括事物由小到大、由简单到复杂、由低级到高级的变化，包括量变和质变。"发展"也指事物在原有基础上新质特性不断发生的过程，是系统在多方面与多成分的联系中动态地、持续地进行的过程。本书所说的"发展"是指儿童语言能力逐渐提高的过程，既包括儿童口语表达能力的发展，也包括阅读能力和书面表达能力的发展。但其实儿童语言的发展还包括第二语言的发展等。由于多方面的原因，本书所探讨的儿童语言能力发展只限于儿童母语口语表达能力、阅读能力和书面表达能力的发展。

二、研究过程及方法

(一)研究背景

本书是一项对儿童语言能力发展的个案研究，但又不同于一般语言学领域中的儿童语言研究个案，而是在教育学视角下探讨儿童语言能力发展的个案研究。

本书研究对象为笔者女儿。笔者从研究对象会说话以后、1岁左右开始记录育儿日记。笔者从研究对象1岁左右记录到研究对象初中毕业，坚持了14年，积累了100多万字的原始资料。这些资料包括对研究对象语言、行为的记录，既有语言发展方面的，也有儿童社会性等各方面的。因为笔者最初记录时，并没有以一个研究者的身份去有意识地收集资料，而是以一个妈妈的身份、从一个教育者的视角在观察儿童，以文字的形式来记录儿童成长的过程，所以记录的内容非常宽泛，包括儿童各个方面的成长。笔者最初在记录的时候并没有刻意要探究的话题，但后来在重新翻阅这些资料的时候发现，在所有的记录中，儿童语言发展的内容是最多的。这主要是因为母女之间的互动更多的是以语言的形式来进行的。因此在

100多万字的原始资料中，研究者记录了很多研究对象从1岁到15岁成长过程中的各种语言发展资料，包括学龄前期很多关于口语能力及词汇发展的资料、学龄期很多关于阅读能力和书面表达能力发展的资料等。

这样的资料从语言学研究或者心理学研究的角度来说，不足以称得上非常科学、规范和真实，因为很多研究对象的语言发展结果是在成人有意识地教育之后呈现的。笔者本身作为一个教育工作者，在培养女儿的过程中，对女儿的语言方面进行了有意识的干预，在一定程度上促进了儿童语言能力的发展。所以从这个角度来说，本书的个案研究对于研究真实状态下的儿童语言发展参考价值有限，因为语言学研究儿童语言发展，更希望是在一个自然的状态下进行的。但它却为研究儿童语言发展提供了另一个不一样的角度，即儿童在较为理想的教育状态下，可以发展到什么程度，教育如何促进儿童的语言发展，教育可以怎样促进儿童的语言发展。这样的研究可以作为原有研究儿童语言发展的补充。

笔者通过查阅资料和认真分析发现，研究对象的语言发展非常符合儿童语言发展的普遍规律，并且良好的家庭教育能在一定程度上促进儿童的语言发展。

每一个研究者在研究伊始都必须回答为什么要做此研究。在很多研究者回答这个问题的时候，会更多地从研究问题本身出发。但对于本个案研究，特别是以自己的女儿作为研究对象的这项研究，笔者认为还需要从研究者个人角度来回答这个问题：我为什么要去研究这个问题？

为什么要去研究这个问题，是基于笔者的个人经历。一方面，笔者是一个教育工作者，受过较为规范的人类学田野工作的学术训练，养成了记录田野日记的好习惯；因为习惯的影响，笔者很自然地把家庭当作田野，把女儿当作观察对象。另一方面，笔者是一个妈妈，具有天然的研究儿童的各种便利和理由。我们都知道，在教育学和心理学研究界，有一些大教育学家和大心理学家以自己的孩子作为研究对象的先例，例如我们所熟悉的皮亚杰、陈鹤琴等，都曾以自己的孩子作为研究对象，对儿童进行了深入的研究。

笔者很庆幸所做的这些事情，这是一项非常有意义的研究。如果没有辛勤地记录，很多有趣的发现就会像拍向沙滩的海浪，消失得就像没有发生一样。后来，笔者在给学生上课的时候，通过所记录的这些故事、案例和学生分享儿童是如何发展的，应该如何教育儿童，学生们很喜欢笔者分享的故事和案例。后来笔者在一些学术报告中，也开始通过故事和案例讲述儿童是如何成长的，笔者发现大家对笔者讲述的故事都很感兴趣，笔者所记录的很多资料都是非常宝贵的原始的儿童观察记录，是值得再深入分析和研究的。因此笔者开始去探究这些问题，最后也就有了这一研究，也就有了这本书。只是，在今天重新思考这些问题的时候，唯一感到遗憾的是，过去没有意识到记录的意义，记得还不够全面，不够细致。

（二）研究方法

本书源于我的一项关于儿童语言能力发展的个案研究。笔者采用美妞的化名来指代研究对象。美妞是 2003 年 6 月出生的，是一个女孩，一个普通的孩子。她在整个小学和初中阶段，学习成绩较好，语言表达能力尤其突出；在小学、初中和高中大多数时间担任班级的语文课代表，喜爱读书，阅读面广，写作能力较强。

本研究收集资料的方法主要包括实物收集、访谈和观察。

实物收集主要包括笔者 100 多万字的育儿手记，从手记里挑选出部分具有典型性的对话和事例等。手记很多时候是事件发生后，笔者凭借记忆及时记录下来的。美妞的口述类作文等材料大多是由妈妈及时录音，然后根据录音转为文字的。

实物收集还包括美妞在上学期间所撰写的各种日记和作文，加起来也有近 10 万字。例如在关于对儿童书面表达能力发展的研究论述中，很多内容来源于笔者所收集的美妞不同阶段的日记和作文。

访谈也主要包括两种类型。一种是美妞在和笔者的对话中，笔者为了更准确地理解儿童的思想和意图，通过追问等形式来进行。笔者和美妞一起时，会经常问："你的问题是什么？你的意思是什么？你为什么这么想呢？你觉得我们想的有什么不一样？"这种访谈不同于我们一般意义上说的访谈，这种访谈更多意义上是一种倾听。正是在这样的倾听中，我们理解了儿童的理解，理解了他们的理解和我们的理解的差异，真正走进了儿童的内心世界。

访谈还包括一些比较正式的访谈，例如为了研究美妞是如何阅读和写作的，在后期由笔者的研究生对美妞所写的文字和所阅读的内容来进行的访谈。比如"你为什么这样写""你是怎么想的"等类似的问题。

观察主要是指对美妞的观察。这种观察也不同于我们在传统意义上的观察，是在日常生活中的观察。它不是指那种可操作的、可以测量的观察，而是指在与儿童的相处中，当他望了你一眼，你能够明白这一眼神的召唤的意义。从儿童的眼神中，我们可以看到他的期望。

成年人对于儿童生活的理解一定与其自身在这个世界上的经历是分不开的。当我们试图结合儿童的成长历程去解读儿童的生活时，我们必须力求对每一情境描述的故事做到心中有数，并且对自己加强反思。笔者对从手记中抽取出来的所有资料重新进行整理，并反复阅读和审视。记录者必须对儿童具有敏锐的洞察力，必须放下自己的学术取向，防止把儿童日常的行为抽象化、片面化，必须真正"蹲下来"，从儿童的视角来看待和理解儿童的生活世界。

笔者的育儿手记记录的内容是非常杂的，不仅包括儿童语言能力方面的发展，还包括儿童社会性发展、逻辑思维能力发展等多方面。但毫无疑问，关于语言能力发展的记录是最丰富的。但对于儿童语言能力发展这方面，作者在写这本书时，更侧重于儿童关于母语的表达的视角，从口语表达、阅读和书面表达三个方面来研究。之所以选择这三个方面，一个主要原因在于手记中这三方面的内容相对集中，研究对象的发展也比较突出。另一个原因是这三个方面对于处于中小学阶段的儿童来说，尤其重要。此外，对于研究对象的第二语言的发展等没有涉及，虽然笔者的育儿手记也有这样的一些记录，但限于研究方向的集中，没有展开。

(三)研究意义

此研究以一个儿童的早期语言发展情况为起点，追踪其成长过程中语言能力发展的状况，以期进一步引起家长和学前教育工作者对儿童语言发展和语言教育的关注，为相关人才的培养奠定良好的早期教育基础。

三、回到儿童生活本身的儿童研究

当前在教育研究领域，对于儿童的研究越来越受到关注，儿童研究、儿童学等开始进入我们的研究视野。对儿童的研究有三条路径：图书馆里的儿童研究、实验室里的儿童研究和生活世界中的儿童研究。

实证研究一直是教育研究的主流，在儿童研究领域也概莫能外。研究者把儿童生命个体的情感、价值与生命意义等主观因素排除在研究过程之外，通过运用数学统计、实验控制等方法，试图以精确、客观、定量的形式来描述儿童。在儿童研究里，如果只是把儿童当作研究对象，简单地用数字、图标、符号去描述和研究，漠视儿童生命个体的丰富性和个体性，那么儿童研究只能停留在表面化、片面化的层面。在教育与科技愈加紧密结合的现代社会，科学技术对于儿童研究的控制愈演愈烈，在此背景下，我们对儿童内心世界的认识和理解弱化了，儿童研究在走向现代化和科学化的大道上也失去了对儿童生命个体关注的根基。

儿童是最具有生命活力的个体，生活世界中的儿童才是真实的儿童，因此对儿童的研究应该深入儿童的生活世界，扎根于儿童的生命体验。现象学要求"回到事实本身"，其研究的宗旨是发现和描述生活体验，以及明晰这些体验对于参与体验的人来说具有什么意义。如现象学教育学的开创者之一，加拿大学者范梅南把教育情境中"鲜活的体验"作为研究起点。这种回到儿童生活世界的研究，引领我们将儿童研究回归到现实，回归到儿童在生活情境和教育情境中的亲身体验。教育现象学研究视野下的儿童研究，其目标是通过对儿童亲身体验的描述、反思、还原，揭示教育现象的本质。为了回到事实本身，要求研究者去发现并理解儿童真实的生活体验。此时研究者的身份不是简单地去搜集数据、发现规律，而是要以人自身的生活体验作为基础，去接近儿童的心灵，去理解儿童的世界。这种路径的儿童研究因为关注儿童本身的生活世界而独具魅力。当前这种儿童研究也正在被越来越多的人所接受和呼吁。

生活体验研究作为一种人文社会科学的研究方法，由范梅南教授基于现象学、解释学和符号学创立，并运用于教育研究领域。范梅南以"心向着儿童""向着儿童的生存与成长"的角度，从真实的生活场景中截取片段，运用现象学的描述与反思，浸入不同情境中采取各种"顿悟性"的机智行为，在当前的儿童研究领域中绽放出独特的魅力。[1] 范梅南追寻的是一种真实而具体的教育事实，执着于对教育的理性思考。范梅南提出的"教育机智"，是要求成人深入儿童的生活世界、理解儿童的生活和现实，关注儿童生活体验的独特性，发现生活意义的普遍本质。生活体验研究坚持回到事实本身，关注现实生活世界，通过对儿童的种种生活体验的研究，直面鲜活的教育现场。相比于实验室里的儿童研究和书斋里的儿童研究，这种儿童研究因为研究者进入了具体而生动的儿童生活，在现实生活世界中观察儿童的一言一行，在现实生活世界中探究每一句话、每一个动作背后的真实原因，因此对儿童的研究就多了一份对儿童生命本身的关注。

本研究力图从一个妈妈的视角，重新回到儿童的生活世界，了解儿童

---

① （加）范梅南：《生活体验研究人文科学视野中的教育学》，北京：教育科学出版社，2003 年。

的一言一行，从儿童生活世界来理解儿童语言是如何发展的。这也是本研究与一般语言学、心理学视野下的儿童语言研究的不同之处。本研究以生活体验的方法来研究儿童的语言发展，是一次粗浅的尝试，正如前面所述还存在诸多不足。笔者希望本书的研究能起到抛砖引玉的作用，期待有更多的人关注对于儿童的研究，更多的人关注对于儿童的生活体验的研究，更多的研究者能够回到儿童的生活世界中去研究儿童和发现儿童，看见儿童生活的现象学意义，看见儿童生活的真实。儿童的研究不能仅有一些客观的、技术化的研究，还应该有一些充满生活气息的研究。

关于本研究须做如下几点说明：

第一，本研究只是一个个案研究，因此本研究结论的推广性存在讨论空间，不具有普适性。但个案研究的优势就在于其对于个案的深入、细致的研究，使读者对这个个案有全面的了解。虽然说个案研究不以追求推广等作为目的，但笔者还是希望读者在美妞的故事中获得一些共识。

第二，笔者本人作为美妞的妈妈，所做的研究在一定程度上会不会存在一些失真的现象，这点也有待讨论。因为在每个妈妈看来，自己的孩子一定是自己眼中最完美的孩子。尽管研究者会力求去寻找客观性，但真正的客观性可能是不存在的。但无论如何，笔者还是力求做到真实。

第三，笔者在研究过程中，主要对原始的育儿手记中的资料进行了提取，笔者深感对于儿童的了解，特别是对于儿童语言研究的一些理论了解并不充分，所以导致分析还不够深入和系统。儿童语言的发展需要的是一个系统性的生态环境，除了家庭，学校、社会、社区等都会对其发展产生巨大的影响。儿童的生活世界是如此地统一在一起不可分离，家庭只是其中的一个环节或方面，或者说是联系某些方面的桥梁，但笔者对此进行了剥离，所以不能不说是一个遗憾。比如说，除了家庭以外，学校也是对儿童进行语言能力培养的重要场所，在某些方面甚至胜于家庭的影响。学校和家庭对儿童的影响是双重的，但由于资料收集的限制性，笔者也无意于做一个全面的分析，所以在本研究中，笔者没有过多地分析学校对儿童的影响。我们一定要时刻保持这种意识：除了家庭，儿童还有更宽广的生活世界，只不过通过家庭的环境，家长可以放大或者缩小其他环境的影响。

儿童语言能力的发展受到多方面因素的影响，比如学校老师、儿童本身的经验等。对于研究对象美妞来说，她同时还在学校学习，学校的老师是如何鼓励和指导她进行写作的，本研究均未涉及。实际上，美妞的语文老师也对美妞的口语表达能力、阅读能力、书面表达能力等方面的发展有很大的帮助。

第四，笔者必须承认，作为一个教育研究者，并不具有太多的儿童语言方面的理论背景，对于儿童语言等方面的理论的分析和解读，并不是笔者的强项。笔者也不力求在分析儿童语言发展方面有一些理论创新，这不是笔者的本意。如果读者期望在这方面有收获，那可以不必选择阅读这本书。笔者的本意是在教育学、语言学、心理学之间架起一座桥梁，让对儿童成长感兴趣的人——无论是教师还是家长——都能通过这座桥梁，从本研究中得到一些共鸣和启发。

第一章 儿童词汇及口语表达发展

美妞从不到一岁开始学说话，到两三岁时能与父母进行日常生活对话，具有较强的语言表达能力。通过美妞的词汇和口语表达方面的故事，我们能够感受到一个儿童学会口语表达的过程。在学龄前的三年，是美妞学习词汇的关键时期，美妞掌握了很多抽象的词语，在入学前打下了较好的口语表达基础，能够口述一千字左右甚至更长的文本。刚入学的时候，美妞的语文老师反映美妞具有较好的口语表达能力。

儿童是如何学会说话的？儿童是如何通过口语来表达自己对世界的认识的？口语交际对儿童意味着什么？儿童在掌握词汇及学习口语表达时的心理有什么特点和规律？我们如何利用儿童的心理特点和规律来培养儿童的口语表达能力和促进其词汇的发展？在这一章，我们将结合美妞的故事，回到儿童日常的阅读生活来探讨儿童词汇的发展和口语表达能力的发展。

第一节 儿童词汇及口语表达能力发展概述

一、儿童词汇及口语表达概念

(一)儿童词汇发展概念

词汇是指词的总汇，是一种语言里所有的（或特定范围的）词和固定短语的总和。词汇是构成语言的建筑材料，是直接影响句子意思的重要因素。幼儿期是大量积累词汇的时期，抓紧这个时期丰富幼儿的词汇，就会使他们上小学前具备足够的语言能力，并受益终身。儿童掌握词汇的多少是早期语言能力发展的重要指标。

(二)儿童口语表达发展概念

口语表达能力是指用口头语阐述个人内心的想法与情感，与人沟通交流的一种能力。儿童早期是学习语言、掌握发音和进行口语表达的黄金时期。儿童语言接受能力强，学习语言的积极性高，乐于与人交谈。因此，成人对幼儿进行语言教育和训练时，要创造宽松自由的交往环境，以扩充儿童的词汇。

二、儿童词汇及口语表达能力发展的意义

(一)儿童词汇发展的意义

儿童掌握词汇的多少以及理解的深浅程度，将直接影响语言的表达质量。所以，发展语言须先从丰富词汇入手。早期语言能力的增长首先通过词汇的增长表现出来。词汇发展是指儿童在掌握母语的过程中，词汇的数量、类别、词义等方面的发展都表现出相应的年龄阶段特征。一个人要想很好地掌握语言这一交际工具，必须具有丰富的词汇，这样才能更明确地表达自己的思想，更好地进行交际。词汇越丰富、越广泛，他的语言表达才能越准确、越生动。

(二)儿童口语表达能力发展意义

口语表达能力是指人类通过口头语言来表达自己内心的思想与情感，以达到与人正常沟通、交流的目的的一种能力。口语表达的过程，是人们将自己的内部语言，借助于词语，按一定的句式，快速转变成外部语言的过程。对儿童来讲，只有掌握了语言运用的规律，用规范的语言清楚地表达自己的思想，才能实现与人的无障碍交流，更好地接受成人传授的知识和经验。因此，对儿童进行良好的语言教育和训练，为儿童创造宽松自由的语言交往环境，能够为儿童的语言发展奠定良好的根基。

口语表达有利于促进儿童语言和行为的社会化进程。儿童获得语言，有利于促进个体的身心健康和全面发展。语言是人与人之间交往最有效也是最直接的手段，儿童能够准确表达自己的想法和要求，表达自己的观点和需求，这将有利于幼儿人际交往能力的发展，推进儿童的社会化进程。口语表达有利于促进幼儿学习能力和认知能力的发展。

随着社会的发展，口语表达能力对于一个人的发展起着越来越重要的作用。它是衡量一个人综合素质的一个非常重要的指标。儿童阶段(4～15岁)是语言习得的重要阶段，也是口语表达能力培养的关键时期。然而，当下无论在理论上还是在实践上对儿童口语表达能力的培养都缺乏足够的重视。因此迫切需要对儿童口语表达能力的培养做进一步的研究和探索。口语表达能力的培养在极大程度上受儿童心理发展水平的制约，只有深入认识儿童心理发展和学习规律，才能更好地培养儿童的口语表达能力。

幼儿期是儿童语言不断丰富的时期，是幼儿熟练掌握口头语言的关键时期，也是幼儿从外部语言逐步向内部语言过渡并初步掌握书面语言的时期。他们只有真正学会了说话，才能自由地和人交往，同时也才能更好地接受成人传授的知识和经验。早期语言教育与学生后期语文能力发展呈正相关。良好的早期语言教育为个体后期学习奠定了良好的基础。

对儿童口语表达能力的培养一直是语文教学的重要任务，但口语表达能力的培养不仅仅是学校教育的责任，更是家长教育的责任。儿童入学前养成了较好的口语表达能力，有利于他的其他语言能力的发展，帮助他更好地适应其他方面的学习等。

第二节 学龄前儿童词汇快速发展时期

词汇是儿童语言能力发展的重要指标，儿童掌握词汇量的多少，会直接影响语言的表达质量，所以儿童语言的发展必须先从掌握词汇开始。

一、词汇飞跃是儿童早期词汇发展的里程碑

儿童一般在 12 个月左右说出第一个词语，到 18 个月左右，许多儿童有 50 个左右的词汇量。但儿童与儿童之间差异很大。儿童在 18～24 个月期间会经历词汇掌握爆炸期，这期间儿童一个月将学会 30～50 个词汇。儿童 6 岁的时候，在他们的词汇知识中，大概包括 8000～14000 个词汇，在他们的日常表达中经常使用 2600 个。[1] 两三岁的儿童能够掌握大量的日常生活中的名词。

美妞在两三岁期间经历了词汇的快速发展期。在这段时期笔者的育儿手记中记录了很多关于"这个词是什么意思"的对话。下面是从育儿手记中搜寻出来的关于美妞学习词汇的一些例子。

2006 年 9 月 24 日(美妞 3 岁 3 个月)

美妞："卑鄙是什么意思?"

2006 年 12 月(美妞 3 岁 6 个月)

妈妈："我不会拒绝别人礼貌的请求。"

美妞："拒绝是什么意思?"

---

① (美)特里萨·M. 麦克德维特，(美)珍妮·埃利斯·奥姆罗德:《儿童发展与教育》，北京:教育科学出版社，2007 年。

2006 年 12 月(美妞 3 岁 6 个月)

妈妈:"欣欣家请了一个临时保姆。"

美妞:"什么是临时保姆?"

这样的例子在美妞 3 岁左右几乎每天都会发生,笔者的手记中记录了很多这样的对话,还有很多都没有来得及去记录,在这里也只是挑选出一部分来加以说明。

当儿童对一些词汇不太理解时,他经常是根据对情境的判断来理解词汇的,所以儿童在学习词汇的时候,都是不知不觉中进行的,家长无从判断。只有当儿童不能根据情境来理解词汇时,才会向家长求助。

有时候,笔者为了测试美妞对一些词汇是否能够理解,就故意错误地使用一些词汇。下面两个例子就是这样产生的。

2006 年 5 月 23 日 (美妞 2 岁 11 个月)

妈妈:"美妞,我知道你的秘密是喜欢吃糖。"

美妞:"不对,秘密是不能让别人知道的东西。"

2006 年 7 月 24 日(美妞 3 岁 1 个月)

妈妈:"寒假我给你买一个帐篷做玩具。"

美妞:"不对,帐篷不是玩具,是旅游时用的。"

研究表明,儿童在一岁到两岁期间会经历命名爆炸期,这是儿童认识事物的开始。他们开始把具体情境抽象成一套概念或词汇,借助词汇作为认知诱因来累积自己和别人的经验,从而加速语言学习的效率,加强把握世界的能力,语言符号逐渐得以脱离具体情境形成抽象的系统。美妞大概也是两岁以前经历了这个时期。在美妞两三岁时,她掌握的生活词汇已经能满足她日常所需的词汇要求。遗憾的是,笔者在那个时候没有意识到要系统地收集这些语言资料。从上面所收集的资料来看,美妞不仅对与生活紧密相关的词汇有所了解,对与生活不紧密相关的词汇如帐篷、玩具、秘密等也都有所了解。词汇量为她的语言能力快速发展奠定了很好的基础,也为她继续学习更抽象的词汇和发展口语表达能力奠定了基础。

二、儿童在三岁以后开始学习更多抽象的词汇

研究表明,3～6 岁儿童的词汇在发展上存在词类间的差异。在词类的增长方面,以名词的词类增加最为显著,其次是动词,第三是形容词,其他词类增长不明显。在使用频次方面,3～6 岁年龄组,名词、动词的使用

频次最高，代词位列第三。从 3～6 岁年龄段的言语输出比重来看，名词、动词的使用频次最高，其次是代词。由此说明这个阶段儿童输出的言语以名词、动词和代词居多。各词类的发展趋势表明，不同词类的词以及同一词类下的不同的词，其发展的速度具有一定的顺序性，这种顺序性既和认知水平有关，也和孩子日常接触的事物有关。名词是儿童使用最多、发展最快的词；动词虽然在词型上远远不如名词多，但是在使用频次上已经趋近名词，甚至超过名词；之后则是形容词、副词、代词等。对于同一词类下不同的词，发展速度和使用频次也具有显著差异，比如在名词中发展最快的是物体名称词，动词中发展最快的是动作动词，代词中发展最快的是指示代词和人称代词。

在笔者与美妞的对话中，或日常的亲子阅读中，或美妞独自听广播的过程中，美妞经常会问："这个词是什么意思？"这种情况从她两三岁开始直到入学前后一直存在，其中以她三岁左右时最为突出。她对词语意思的提问，表现出一些规律。两三岁时，她问"这个词是什么意思"更多地是问这是什么东西，那是什么东西，问得更多的是一些实物的名称。但在三岁以后，特别是四五岁时，她虽然还是会问"这个词是什么意思"，但这时候更多地是问一些抽象的词汇。比如她三岁的时候会问什么是农村、城市，四岁的时候问的词语包括基因、战争、卑鄙、拒绝、民族、土地、国家等，在家长解释后，并在语言情境的帮助下，美妞能够比较准确地说明这些词语的意思。

2009 年 2 月 19 日(美妞 5 岁 8 个月)　什么是民族

美妞："妈妈，什么是民族啊？是不是生活在北京的人都是一个民族啊？"

我告诉她："生活在北京的人大部分是汉族人，还有很多少数民族的人，比如你认识的罗阿姨就是羌族人。"我告诉她人是流动的，然后告诉她什么是一个民族，夸她说出了民族概念中的一个非常重要的元素——来自同一个地方的人。最后我们一起回忆了去年 11 月一起去参观中华民族园的事情，她知道了傣族、蒙古族等，还记得有一个喜欢黑色的民族，她说是佤族。

这样的例子还有很多，这里笔者只是有选择地记录了几个。其实儿童对于大部分词汇的学习都是在语境中自己体会到的。所以笔者从手记中没能查到更多的资料。但从美妞与笔者的口语交流中，可发现儿童这时的口语词汇已经非常丰富。

儿童之所以会在学龄前出现词汇飞跃的现象，一方面与儿童某些非语言能力的提高有关联，如儿童物体分类能力的提高、稳定物体概念的形成及命名事物的洞察力的出现等；另一方面则是与语言能力的提高有关，包括语音能力的变化，"词汇的飞跃与发音能力有关，幼儿倾向于避免发困难的音节，一旦突破这个能力的限制，就可以自如地输出他早期感到困难的词"①，还包括交际能力的提高和名词记忆能力的发展。此外，儿童词汇的习得与儿童思维认知能力的发展呈现一致性，随着思维认知能力的发展，儿童对词汇的习得过程是从简单词到复杂词、从具体词到抽象词、从对语义同化再到慢慢分化、从基本用法再到特殊用法。整体上来说，儿童词汇的习得过程遵循由易到难、由具体到抽象的原则。

三、词汇从日常词汇向科技词汇等转向

从美妞掌握词汇的资料来看，儿童对词义的理解存在逐步深化的过程，对词汇的属性逐步有了更多的感知和理解，能够更准确地把握词汇的语义特征。儿童词义理解的发展还体现在能表达和运用的词汇更抽象、离现实生活更远，出现正式词汇。②

从使用范围的角度来看，我们可以将词义分为三类：日常词义、科技词义和文学词义。儿童时期掌握的词义主要是日常词义，科技词义和文学词义的抽象程度更高，其理解和表达需要通过训练才能实现。

儿童在 3 岁左右时，儿童朴素理论框架已经基本形成，他们会依据朴素理论，用一套在他们看来合理的、万物有灵的理论来解释、预测生活中的事物和现象。逐步地，儿童开始使用一些看起来有科学依据的理论来解释某些现象，儿童对客观世界的认识从而开始逐渐向科学世界转向。这一点通过了解儿童对词汇的学习和掌握也可以得到印证。

美妞在 3 岁左右经常会问"我是从哪儿来的"这个问题。在回答美妞的这个问题时，笔者喜欢告诉她："你曾经是天上美丽的小天使，成天在天上飞，寻找爱你的爸爸和妈妈，后来你发现我们是具有爱心的父母，就跑

① Menn L Pattern，Control and Contrast in Beginning Speech：A Case Study in the Development of Word Form and Word Function，Ph. D. dissertation，University of Illinois，Urbana. 1976.

② 杨先明：《0—5 岁汉语儿童语言发展的认知研究》，武汉大学 2010 年博士论文。

到我们家来了，成为我们的孩子。"美妞对于这个答案非常满意，表现出很幸福的样子。

美妞在 3 岁多时画了一幅画，太阳挂在树枝上，因为太阳有时在天上挂不住，会掉到水里，湿淋淋的，太阳湿淋淋的就是下雨了，下雨了就不能出去玩了。所以她在画中把太阳挂在树枝上，她认为这样太阳就掉不下去了。

从上面的这两个例子中，我们可以发现 3 岁左右的儿童更多采用朴素理论来解释对世界的认识。

美妞 5 岁时，出现了一个很大的变化，她的词汇开始从日常词汇转向科技词汇。在此期间，笔者记录了很多美妞探索世界的科学认识方面的例子。

5 岁时的美妞还会继续问"我是从哪儿来的"这个问题，但随着长大，她逐渐对"她是小天使"这个答案不再满意，她希望得到一个真实、科学的回答。她明白天使的说法属于想象的世界，她不愿意再用朴素理论来解释这个问题。所以在她 5 岁以后，我们开始告诉她真实的答案。

通过下面"基因是什么意思"的对话，我们可以清晰地看到儿童对于科技词汇的学习。

2008 年 7 月 17 日(美妞 5 岁 1 个月)　妈妈，基因是什么意思

美妞："妈妈，今天有个阿姨夸我头发特别好看，特别黑。"

妈妈："因为你的头发像妈妈的头发，很黑。"

美妞："为什么我的头发会像你的头发呢？"

妈妈："因为基因的缘故啊！"

美妞："什么是基因？"

妈妈："基因是一种遗传物质。你的头发黑，是因为妈妈有黑头发的遗传基因。"

美妞："妈妈，为什么我的头发不像爸爸的头发，而像你的头发呢？"

妈妈："基因又分显性基因和隐性基因。"

美妞："什么是显性基因和隐性基因啊？"

妈妈："举个例子来说吧，你从妈妈这儿得到了黑色头发的遗传基因，你从爸爸那儿得到黄色头发的基因，这一对基因就并排站在一起，其中黑头发基因个子高挡住了黄头发的基因，这样我们从前面就看不见黄头发的基因了，所以你的头发就是黑色的。你明白吗？如果不明白，我们一起来

站站。我是黑色基因，你是黄色基因，你站在我的后面，因为我挡住你了，所以别人就看不见你了。"

美妞："多亏妈妈的黑色头发基因站在前面，要不，我的头发就不会这么黑亮了。"

从这些例子中看到，5 岁多的儿童在逐步摆脱朴素理论的影响，从语言到解释事件所用的理论都初步具备了科学的特征。儿童掌握的词汇中，开始有了更多的科技词汇和文学词汇等。总体来说儿童掌握词汇量的多少，主要取决于他们经常接触的具体事物的多少。儿童早期的词汇习得，如词汇增长速度、词汇量大小、词汇的类别等，都受到家庭情况的影响。这些情况主要包括社会经济地位，父母的职业特点、学历情况，父母的家庭教育观念等。家庭情况进而影响儿童的语言发展和学习成绩。家长与儿童的言语沟通是促进儿童词汇习得的主要途径，亲子阅读及收听广播电视节目也是促进儿童词汇习得的重要途径。

第三节　儿童对词汇的理解在运用中逐步深入

儿童词汇的发展，不仅仅体现在词汇量增加上，也体现在对词汇意义的更深刻理解上，如对同音字、多义词、比喻词等方面的理解。下面我们将从以下五个方面来描述和分析儿童对词汇的更深入理解。

一、对同音词的理解

词语是音和义的结合体。词汇习得的过程可以简要描述为：当儿童听到一个不熟悉的语音时，将其判断为新词，然后根据语境猜测其所指，并在音、义之间建立联系。儿童在其后的语言经验中检验关于音、义关系的假设，一旦假设得以证实，词义习得即告完成。从逻辑上讲，词义习得必须一次完成，也就是说当儿童已经为某一语音形式确定所指后，他们再次在语言经验中遇见该语音形式，即自动将其映射为已确定的指称，而不是触发新一轮的词义习得过程。按照这一逻辑，儿童习得同音词时将面临困难。因为同音词是指同一个语音形式匹配两个以上的指称。当然这样的机制会让儿童做出错误的假设，从而导致语义异常。[①]

---

① 吴庄：《汉语儿童同音词习得的实验研究》，《外语教学与研究》，2017 年第 2 期，第 177—187 页。

笔者在手记中记录了一则美妞对于同音词的使用的故事，很好地印证了这一研究结果。美妞 3 岁时在家里吃午饭，中午吃的菜中有一道是炒鸡肉，于是她和笔者进行了下面这段对话。

2006 年 6 月 26 日（美妞 3 岁）

妈妈："今天妈妈做了好些菜，有你爱吃的鸡肉啊！"

美妞："鸡肉都是从鸡身上长出来的吗？"

妈妈："是啊，鸡身上的肉叫鸡肉，鸭身上的肉叫鸭肉，猪身上的肉叫猪肉。"

美妞："人身上能长鸡肉吗？"

妈妈："人身上怎么能长出鸡肉呢？人又不是鸡。"

几天以后，笔者和美妞去逛超市，看到超市里的鸡肉。美妞再一次问什么是鸡肉，笔者这才发现原来是同音词引发了她的兴趣。

美妞："人身上真的不能长鸡肉？"

妈妈："真的不能，人不能长鸡肉，人身上的肉就叫肉。"

美妞："那为什么有一天，我听见一个叔叔说，他身上的肉是鸡（肌）肉。"

妈妈："哈哈，你说的这个叔叔身上的肌肉，是另一种肌肉，不是我们吃的鸡肉。人身上的肌肉，是人体的一种组织，它具有收缩能力，是柔软的、有弹性的，你腿上、手臂上的这些都是肌肉啊。人身上的肌肉和我们吃的鸡肉是同音词，不是一回事啊。"

通过笔者和美妞的后续的交流，笔者才意识到，原来"肌肉"与"鸡肉"是同音词，正是同音词引起了美妞的混淆。因为鸡肉是人们日常的一种食物，美妞对"鸡肉"这种食物是熟悉的。根据前面的理论，从逻辑上讲，词义习得必须一次完成，也就是说美妞已经为"jī ròu"这一语音形式确定所指的就是"鸡肉"后，当她再次在语言经验中遇见该语音形式"jī ròu"，即自动将其映射为已确定的指称"鸡肉"，而不是触发新一轮的词义习得过程。所以美妞就不能理解妈妈对她第一次的解释，"人身上不能长鸡肉"，而一个叔叔却说身上是"jī ròu"，这是她不能理解的，与她的理解不相符合。所以美妞会再次问笔者"人身上真的不能长 jī ròu 吗？"笔者明白了美妞的困惑所在，进一步解释什么是"肌肉"，所以她最终明白了"jī ròu"的意思。当儿童注意到"肌肉"与"鸡肉"这些语义异常时，他们才会放弃一音一义的假设，接受一音多义的关系。换句话说，儿童的词汇习得在语义上是保守的，如无依据，不会给一个语音形式设立多个义项。

儿童每天都要接触到许多词汇，一些词汇的意思对于儿童来说可能是模糊的，甚至是不能理解的。但儿童有时候不会被自己不能理解的话语所困惑，不会试图搞清楚每句话的意思，这就是儿童理解话语的模糊忍耐力。[①] 在上面的例子中，当妈妈第一次回答说人的身上不能长"鸡肉"的时候，美妞其实是感到困惑的，但由于儿童理解话语的模糊忍耐力的存在，儿童会在模糊的认识中求理解。一般情况下，儿童会在话语的多次反复下逐渐地理解话语所表达的意思。当然儿童面对不能完全理解或完全不能理解的话语时，绝不是完全被动地等待，而是在模糊忍耐的同时采取许多理解话语的策略积极帮助自己理解。

谐音策略是儿童在习得同音词时很常用的一个策略。儿童听到个别词的发音和他已知的词的发音相同时，便会立即给出相同的理解。在上面的例子中，美妞很明显运用了谐音策略，当她听到妈妈说 jī ròu 时，她想到的是她所熟悉的鸡肉。后来当她听到一位叔叔说身上长的是 jī ròu 时，对于 3 岁的她来说，是不太符合常理的。于是她终于向妈妈提出：人身上真的不能长鸡肉吗？从这里也可以发现儿童在话语理解过程中运用的策略是多样的，除了谐音策略，她还运用了猜测策略等。

儿童使用话语理解策略时常常会产生对话语的误解，所以在生活中，我们也会遇到儿童因为同音词而导致的一些笑话。儿童也在不断的言语实践中发现自己对于话语的理解与成人的理解之间存在差异，从而不断修正错误理解，领会话语的意思。如美妞终于获得对于"肌肉"的理解。儿童通过在言语理解过程中所采用的策略，促进词汇的发展。

吴庄通过实验发现 3～4 岁儿童的汉语词汇习得确实存在"同音难题"，绝大多数 3～4 岁儿童都未能将其与该新指称相匹配，而是坚持他们词库中已有的音义关联。吴庄的实验还发现，5 岁以后汉语儿童习得同音词时已不存在困难。即使某一语音形式已经匹配一种指称，这个年龄段的儿童均能依据上下文和情景语境将该语音形式与新物体相匹配，表现与他们习得新词的指称时无异，与相同实验条件下成人的表现也没有显著差别。这说明较大儿童放弃了"一音一义"的假设，开始允许"一音多义"的匹配关系。

---

① 马菊青：《儿童语言习得过程中语义发展规律研究》，《青海师范大学学报（哲学社会科学版）》，2005 年第 5 期，第 106—109 页。

认识到儿童的模糊忍耐力，可以在儿童习得语言时不盲目地认为孩子已经知道了话语的意思，因为儿童这时的理解可能是模糊的、不确切的。成人问儿童问题不能以"对不对""懂不懂"等进行，因为儿童回答的"懂"实际上很可能不懂，成人要通过诱导性地问并解释某些话语，以使儿童能够早日完成理解和更正确地使用这些话语。

语言本身是人类创造的一种光辉灿烂的文化，同社会文化有着非常紧密的联系，受到文化直接或间接的影响，儿童学习语言也是一个学习文化的过程。

二、通过不断尝试达到对词汇概念的精确理解

儿童学习词汇的过程中，对一些词汇的理解是不断建构的。他们通过不断在不同的情境中遇到相同的词汇，或者不正确使用词汇时得到反馈来修订他们对词汇含义的理解。在许多情况下，儿童学习词汇的精确含义包括词汇概念所定义的几个方面，也就是说，要确认一个物体或事件被划分到一类概念里的特征。如果词汇的概念所定义的特征是具体的和明显的，那么这些词汇将比较容易学。如果词汇的概念所定义的特征是抽象的、精细的或难以准确描述的，那么这些词汇就相对难学一些。儿童经常被词汇的相关特征——不是关键特征但也经常出现——所误导。这些相关特征比词汇概念所定义的特征更容易被看到。

从前面美姐 2～4 岁时对"其他人""秘密""玩具"等概念的认识过程，到她 5 岁时开始学习使用一些抽象概念，我们可以看到儿童对于词汇的认识是不断深入的，有一个过程。当词汇概念所定义的特征比较抽象或不是很明显的时候，儿童要给出定义就不是那么容易了。所以儿童有时会通过做一个描述性的解释，或者举一个例子来帮助他理解。当儿童在比较两个相似概念出现混淆时，他会向家长提出问题。通过下面的几个例子可以从另一个方面看到儿童对词汇意义的准确理解的过程。

儿童对词义的掌握并不是一下子就完成的，即不是一下子就掌握了词汇的全部的语义特征，而是在一定时期内只学习词义的一个特征。如儿童在学习某一词汇时，首先是掌握该词汇某些比较外显的语义特征，而对一些附加的语义特征则要在以后才能完全掌握。[①] 在儿童逐步掌握词汇的全部词义特征的过程中，他们首先掌握事物某一方面比较具体的外显特征，

---

① 彭聘龄：《语言心理学》，北京：北京师范大学出版社，1991 年。

然后在以后的社会生活中，接触到越来越多的该类事物，逐步发现该类事物的共同的特征，从而提取出该事物的本质属性，这样就逐渐掌握了抽象词汇的本质含义。所以儿童掌握词汇的过程，是一个从具体到抽象的逐步发展的过程。但也正如儿童在词义习得早期会经历一些试误的过程一样，儿童对词汇的理解也经历了一个复杂而长期的过程。在这一过程中，儿童有可能发生正确映射，但也可能会出现错误映射，要么过多提取了词义的语义特征，要么提取语义特征有所欠缺，这样就会导致儿童在早期习得过程中发生泛化和窄化现象。

儿童最初习得的词义仅是词汇全部内容的一部分，与成人所掌握的词义相比是不完整的，我们把儿童最早掌握的这个义项称为常用义，其他后掌握的义项称为派生义。常用义虽然未必是词汇的原始义，但却是派生能力最强的义项，这些义项一般是词语义项中最为通俗、最易习得的意义。派生义则是在此基础上通过隐喻和转喻机制而引申出的产物。儿童一般最先掌握的是词的常用义，当他们有机会接触到词汇的其他义项时，他们就会积极采取各种手段来进行理解，逐步建立起自己的词库。

儿童对词汇概念的深入理解，除了表现为对外显的语义特征的理解和对一些附加的语义特征的理解外，还表现为对一些近义词或者相近词汇之间差别的理解。从下面的这个例子中，可以看到 5 岁多的儿童对"少去"与"不去"之间的细微差别是很清晰的。

2008 年 12 月 24 日(美妞 5 岁 6 个月)　大夫说少去，没有说不去

美妞："妈妈，下午也可以去买礼物啊。你可以带我去买礼物，并且我还可以挑选，省得你买的礼物不是我喜欢的，这样不是更好吗？"

妈妈："美妞，上次医生怎么说来着，少去人多的地方，因为你最近生病，抵抗能力较差。"

美妞："妈妈，大夫是说少去，她没有说不去啊！我这一周都没有出去啊。"

在上面的这段对话中，可以看到，儿童准确地理解了"少"和"不"的区别。在儿童发展的过程中，儿童不断加深对词汇的理解，对词汇的理解越来越准确，开始接近目标语。并且儿童对于词汇不断加深理解的过程，会一直延续到他的整个儿童期，甚至到成年。

笔者在育儿手记里两次记录了美妞对于"春天"这个时间概念的认识。从这两次的记录中，我们可以发现美妞对"春天"这个时间概念的理解越来越精确。

　　3 岁 8 个月大的美妞一个人在客厅里玩新买来的玩具——风车。过了一会儿，笔者发现美妞把风车插在沙发背后的第一扇屏风上，然后说："春天来了，该跟冬天说再见啦。"紧接着美妞把风车从第一扇屏风上取下，插到第二扇屏风上，然后说："夏天来了，该跟春天说再见啦。"然后把风车分别插在第三、第四扇屏风上，分别重复了："秋天来了，该跟夏天说再见了""冬天来了，该跟秋天说再见了。"

　　从上面的记录中，可以发现美妞对春天、夏天、秋天、冬天四个季节有了一些简单的理解。美妞 5 岁那年，北京雨水节气时下了一场雪。于是笔者和美妞有一段关于"春天"的对话。

　　妈妈："你猜，今天是什么节气？"

　　美妞："上次你说'立春过后是雨水'，那今天是'雨水'。"

　　妈妈："你看，真准，'雨水'节气到来，果然雨水就增多了。"

　　美妞："太搞笑了，春天还下雪啊？"

　　妈妈："为什么春天不能下雪呢？"

　　美妞："冬天才下雪啊，冬天才可以去滑雪啊，春天都已经到了，怎么还可以下雪呢？"

　　妈妈："冬天可以下雪，春天也可以下雪，要是在一些极端的天气情况下，夏天也可以下雪呢。在一些特殊的地方，一年四季都可以下雪呢。是否下雪并不是判断是冬季还是春季的标准。"

　　美妞："原来是这样啊，我明白了。"

　　在前面"四季轮回"的游戏中我们可以看到 3 岁多的美妞已经具备了对春夏秋冬四季这几个时间概念的认识，但她对于春天的认识却还是处在非常简单的阶段，停留在根据事物的表面特征进行描述和理解的阶段，如她认为春天不会下雪。她对季节的认识并没有达到根据概念的本质特征来认识的程度，在成人的帮助下，她对于春天的认识会逐渐丰富和接近本质。

三、对多义词的理解

　　一词多义是语言中极为普遍的现象。一个词具备两个或两个以上意义的现象叫一词多义。儿童词义的习得遵循着其特有的规律，日常词义是儿童主要的习得对象。多义词的不同义项有不同的称谓，包括常用义、基本义、原始义、引申义等。不同义项名称的所指内涵是：常用义，为日常中使用频率较高，应用较多的义项；基本义通常是词典中的首个义项，是其他义项产生的基础；原始义也叫本义，为多义词最初的意义；引申义即由基本义通过各种途径引申演变形成的义项。[①]

美妞在 2 岁 9 个月的时候，笔者一家人一起外出，听爸爸和妈妈在交流中提到"黑车"这个词语，美妞对这个词感到很困惑。

2006 年 3 月（美妞 2 岁 9 个月）

妈妈："这个时间点特别不好打车，有时真想打黑车。"

爸爸："千万不要打黑车，打黑车是非常不安全的。"

美妞："为什么不能打黑车？"

爸爸："因为打黑车不安全啊。"

美妞："为什么打黑车不安全啊？"

笔者开始意识到美妞不能理解这个"黑车"的含义，于是向她解释这个"黑车"不是黑色的车，是指法律上的非法运行的车。笔者解释了半天，还是没有让不到 3 岁的美妞理解什么是"黑车"。美妞之所以对"黑车"的引申义理解有困难，一方面与年龄小有关系，她还没有基本的法律方面的相关经验，另一方面还因为缺少语境，儿童不能借助合适的情境来理解这个词。儿童随着年龄的增长，对多义词的理解能力也开始增长。在美妞 6 岁的时候，手记中记录了一件对于"小人"这个多义词理解的例子。

2009 年 12 月 13 日（美妞 6 岁 6 个月）　小人与小孩的区别

妈妈（故意地）："我是大人，你是小人啊！"

美妞："我不是小人。"

妈妈："你这么小，不是小人吗？"

美妞："我是小人儿，是小孩，不是小人。"

妈妈（故作诧异状）："小人儿与小人有什么区别吗？"

美妞："小人是那种不好的人，比如背地里告状，说坏话。小人儿就是小孩，小孩就是指我们这些没有长大的孩子。妈妈，你知道包饺子时为什么要在饺子边上弄一些花纹吗？那是为了把小人的口封住，别让他们到处乱讲。"

妈妈："我咋都不知道呢？"

---

① 邹立志、张云秋：《词义比喻引申的语言心理基础分析》，《首都师范大学学报（社会科学版）》，2003 年第 6 期，第 68—73 页。

美妞："美术老师告诉我们的，我们上'北京小吃'这一课了。"

从上面的例子中可以发现，6 岁的美妞对"小人"这个多义词有了准确的理解。儿童对多义词的习得最初是模糊的，始终在日常意义范围之内，如"黑车"就是黑色的车。儿童习得多义词意义时对情境有较大的依赖性，美术老师在课堂上通过包饺子的情境让美妞对小人的引申义有了形象生动的理解。儿童在多义词习得过程中必定遵循词汇习得的规律，但是作为词汇特殊部分，多义词的习得又必定具有其特殊性。[①]

词义是对客观现实的反映，一种语言的词义在该语言社会中是客观的、全民公认的，对每个社会成员是统一的。因此儿童习得词义必须在社会生活中进行。从儿童词义发展的过程中可以看出，儿童词义的发展是儿童根据初始的词义假设在社会环境中使用词汇与成人交际来进行的。离开了社会环境，儿童不可能习得词汇。同时社会环境还会促使儿童更早地形成某种概念，体会到词汇的修辞意义，使词义进一步深化。[②]

四、对词汇的改编或创新

儿童词汇的发展除了表现在词汇量增加和词义理解加深等方面，还体现在对词语的灵活运用和创造上。自造词是指儿童在未掌握某事物在目标语中的表征方法之前，依据自己已经理解的汉语构词规则而临时创造的词汇。[③] 自造词从产生机制上来看，它的形成与儿童词汇理解策略有直接的联系。笔者的育儿手记中曾记录了美妞 3 岁时自己造词的例子。自造词的出现是儿童习得语言主动性的一种表现，也为其日后对语言进行创新提供了基础。

2009 年 1 月 13 日(美妞 5 岁 7 个月)　孩子自己创造的词汇

前几天妈妈听见美妞说："妈妈，昨年……"

今天美妞对妈妈说："赵××是我的大名，琪琪是我的小名。妈妈，你再给我起一个中名吧。"

从美妞说的"昨年""中名"这些词语来看，说明她已经开始尝试通过改编词汇来进行词汇创新。美妞根据"今年""明年""今天""昨天"等词汇，创

---

① 符晶：《三岁前汉语儿童多义词习得研究》，首都师范大学 2008 年硕士学位论文。

② 马菊青：《儿童语言习得过程中语义发展规律研究》，《青海师范大学学报(哲学社会科学版)》，2005 年第 5 期，第 106—109 页。

③ 杨先明：《0—5 岁汉语儿童语言发展的认知研究》，武汉大学 2010 年博士论文。

造了"昨年"一词；通过"大名""小名"这样的词汇，创造了"中名"一词。这两个词语都是不符合目标语的词汇。儿童自创的词汇很多是不符合规范的语言，他们在后期语言习得过程中，会根据成人的反馈或者自己获得的信息自动对这些自造词进行调整或者不再使用。

五、儿童运用多种语言策略来帮助理解

儿童在语言发展过程中，会自觉地使用多种语言策略来帮助自己理解语言。儿童语言策略指儿童在习得和运用语言的过程中，为了达到学习或交际目的而采用的各种方法。儿童语言的发展与运用语言策略是密不可分的。通过上面的例子，我们可以发现儿童在学习理解词汇的过程中，会通过很多种不同的语言策略来获得词义的理解。在笔者收集的资料中，美妞运用了很多策略。

1. 猜测策略

猜测策略是儿童通过语境对接触到的新词语进行自主解释的策略。由于儿童已经具备了一定的现实的和虚拟的生活经验和语言能力，经验使儿童得到通过语境猜测新词的语义。[1] 猜测策略的运用表明儿童具备了初步的语言概括能力，能自主对抽象的词语进行概念化。猜测策略是儿童在理解词汇中最常运用的一种策略，可以说儿童认识的大部分词汇都是在语境中自己猜测出来的。在笔者的记录中，正好有这样一个例子。

2009 年 7 月 15 日(美妞 6 岁 1 个月)　"温馨"的意思

美妞这两天迷上了写作文，今天在家里口述了一段，让我在电脑上记录："我最喜欢《睡美人》这本书里的那个公主。她很漂亮，也很有智慧，那个小仙女总是陪在公主的旁边，我觉得那样很温馨。"

我看她用到温馨这个词，于是反问道："你知道温馨是什么意思吗？"美妞想了想告诉我说："妈妈，我知道温馨是什么意思，但是我说不出来。"我于是又鼓励她说出来，但她试了试还是没有说出来。我换了一种方式对她说，你可以在一个情境当中表达出来。美妞想了想，然后举了一个例子："晚上家里人陪着我，我觉得心里很热乎，这就是温馨的意思。"看来美妞是真的知道温馨的意思。

从这个例子中，我们可以看到美妞虽然不能用自己的语言解释什么是

---

① 　杨先明：《0—5 岁汉语儿童语言发展的认知研究》，武汉大学 2010 年博士论文。

温馨，但她会正确使用这个词语。她之所以能够准确理解这个词语，是通过在故事的情境中，以猜测的方式理解了这个词语的意思。实际上在儿童的真实生活中，儿童对很多词汇的理解并不一定通过特定的学习，而是在自己所遇到的词语情境中通过推断词语的意思来学习。

2. 寻求帮助

儿童在学习词汇的过程中，如果词汇比较抽象，或者缺少可以依赖的语言环境，就可能会通过提问等方式，寻求帮助来理解词汇。就像前面一节中我们多次提到的那样，儿童会经常问："这个词是什么意思？"

家长在获得儿童寻求帮助的信息后，一般会通过直接解释词义来帮助儿童理解词汇。但有时候儿童不能通过家长的释义来理解词义，就需要家长通过举例子、打比方等方式来进一步解释。如果成人在生活中经常使用这种语言与儿童互动，会有助于儿童对抽象词汇的理解。在上一节中，我们通过美妞问词语意思的例子可以看出，这就是儿童寻求帮助的策略。在此不再列举例子加以阐释。

了解儿童学习词汇的心理机制，对指导成人与儿童的语言互动有一定的启发意义。我们应该遵循认知的发展规律，在儿童进行多义词、同音词、近义词等词汇学习时，按照从易到难的顺序进行。如让儿童先掌握那些语义具体、认知难度低的义项，然后在已掌握了这些义项的基础上再进行语义抽象、认知难度高的义项的教学，逐步引导儿童发现前者与后者之间的联系，从而在二者之间构建起认知的桥梁，降低学习的难度，以达到较好的效果。①

综上所述，儿童对词义的理解是一个在运用中逐步发展的过程，包括意义理解的深化、上下位概念的归属、词义逐渐精确化及概念化。儿童对词汇意义的理解使用是以其认知能力发展为基础的。儿童在习得语言的过程中会积极地尝试通过自己的努力来学习语言。

丰富的词汇是表达的基础，词汇量的增加为儿童句法能力的发展奠定了良好的基础。儿童的语言发展首先是词汇的积累，然后才是句法能力的发展。

---

① 王永坡：《汉语早期儿童的隐喻机制及多义词发展研究》，首都师范大学 2007 年硕士学位论文。

第四节 儿童句法能力的发展

句法能力的发展是儿童语言发展的核心问题。儿童开始组句，说明儿童不但已经积累了足量的词汇，而且也掌握了一定的语法知识。儿童词汇量的增加使儿童的交流变得更加丰富和自由。

当然我们必须意识到儿童句法能力的发展和词汇的丰富不是截然分开的，而是相辅相成的。在本书中我们分成不同的章节来进行分析只是为了讨论的方便。

关于儿童句法能力发展的机制有多种理论。乔姆斯基和勒纳伯格等语言习得先天论者强调儿童先天禀赋在语言发展中的作用，弱化环境和后天学习对语言习得的影响。行为主义者斯金纳认为儿童语言发展是一系列刺激-反应的结果，把语言习得看作行为习惯的形成，儿童是通过对成人语言的机械模仿来学习语言的。以皮亚杰为代表的相互作用论者强调儿童语言只是人类大脑一般认知能力的一个方面，以句法结构发展为核心的语言发展源自认知结构的发展，认知结构的形成和发展是儿童与环境相互作用的结果。随着年龄的增长和思维能力的发展，儿童思维的精密度提高了。与此相应的是，儿童对客观世界的感知精细度也随之增长。儿童对事物特征的感知逐步由外在特性向内在特性深化。同时，认知跨度从范畴扩大到事件，对范畴之间、事件之间的关系的理解也逐步深入。这些认知上的深化为儿童的语言表达提供了潜势，认知深化在语言上的表现就是句法成分增多、修饰性成分增加及句法结构复杂化和严谨化。[①] 这些理论为我们理解儿童句法能力的发展提供了理论基础。

儿童句法能力的发展主要体现在以下几个方面。

一、句子结构从不完整到完整，句法成分增多

儿童在 2 岁以前，主要是通过单词句和双词句进行交流，句子结构是不完整的。大约 2 岁以后，儿童口中逐渐出现比较完整的句子，但这些句子都是简单句，句子结构为主谓结构和谓宾结构。这主要是由于其认知水平低下，因为学前儿童早期对客观世界的认知是混沌不分的，不能细致地分析事物的特征和细节，所以不能掌握相应的描述事物特征和细节的话

---

① 杨先明：《0—5 岁汉语儿童语言发展的认知研究》，武汉大学 2010 年博士论文。

语。下面的这些句子是笔者在育儿手记中记录的美妞 1 岁 9 个月时说的话。

2005 年 3 月 17 日(美妞 1 岁 9 个月)

美妞:"妈妈上班班。"

美妞:"宝宝睡觉。"

美妞:"坐车车。"

美妞:"找妈妈。"

总体上来说,儿童在 2 岁左右的时候越来越能听懂别人的话,也会随着听力的发展不断发展自己表达想法、要求和愿望的能力。儿童可以与家长聊天,描述自己的经历,谈自己的想法,但在说话时会东一句西一句,有些句子没有说完,经常漏缺主要词类,词序紊乱。

随着年龄的增长,3 岁以后的儿童开始能够大量地使用语言来与他人交流信息,他们的口语表达能力得到快速的发展。这个时期的儿童,与他人交流信息时,说话的长度明显增长,并且能够说比较复杂的句子,完整句的数量和比例也有所增长。对于儿童来说,虽然简单陈述句仍然是基本的句型,但已开始采用非陈述句中的疑问句、祈使句、感叹句等。儿童句子表达的内容、词性和结构层次开始逐渐分化,复合句逐渐发展。

2007 年 2 月 25 日(美妞 3 岁 8 个月) 对妈妈的爱

临睡前,妈妈开始洗漱,美妞也吵着要刷牙,看着妈妈的大牙刷,美妞开始说话。

美妞:"妈妈,我的牙刷小,你的牙刷大,但我有一样东西大!"

妈妈:"什么东西大?"

美妞:"爱,对妈妈的爱。"

妈妈:"对妈妈的爱有多大?"

美妞双手伸直,略往后抻,呈现出大于 180 度的角。

2007 年 10 月 27 日(美妞 4 岁 4 个月口述) 美妞写给小姐姐的信

我的好朋友,我在幼儿园很开心,我学了视唱课,还学了美术课、舞蹈课。我学钢琴了,虽然弹得不是很好,但是进步很大。你还知道我在幼儿园干什么吗?

我们可通过儿童词汇表达和句子表达的长度来了解儿童语言能力,也可以通过儿童所说的句子复杂程度来判断儿童的语言能力。从上面两段美妞 3~4 岁时的语料可发现,这个时期美妞说话的长度比 2 岁以前明显增长,而且能说复杂的句子,复合句开始出现,并且能使用感叹句、疑问句来表达自己，例如使用了"虽然……但是……"这样的连词来联结句子。在"对妈妈的爱"这段对话中，还表现了比喻的说法。这些说明3～4岁儿童的语言表达能力比2岁左右的儿童有了非常明显的进步。

儿童到5～6岁时，会比3～4岁儿童的语言发展又有更大的进步。其体现在不仅词汇丰富，表达的内容丰富，句子成分也更加复杂，开始使用很多复杂句。

2009 年 2 月 20 日(美妞 5 岁 8 个月)

美妞早上醒来后躺在床上，对她爸爸说："今天最高温度是 4 度。"

爸爸："看来，天气很冷啊！"

美妞："不冷，是 4 度，又不是零下 4 度。4 度比零下 4 度高 8 度呢。"

妈妈："为什么是高 8 度？"

美妞："零下 4 度，是比零度还低 4 度啊，4 度是在零度上面，所以当然是 8 度啦。"

妈妈："是不是有人教过你，我上初中了才知道算这种题呢。"

美妞："没有，妈妈你以前告诉我零下几度是什么意思了啊，我当然就知道啊！"

5 岁多的美妞在和爸爸妈妈的这一段讨论中，运用了很多"又""所以""当然"等连词和副词，并且对这些副词和连词能够流利使用，这个时候儿童的语言已经与目标语没有什么差别了。同时从这个语料中，我们还能发现 5 岁多的美妞能和爸爸谈论对负数的理解，表现出了对数字较强的理解能力。可见儿童语言的发展是随着他们的认知发展而不断发展的。儿童在这个时期对于数字的认知有一定程度的提高，这些也会有助于他对于和数字有关的词语的理解。

二、修饰成分的增加

2 岁以前的儿童最初说的句子是没有修饰语的。如"宝宝吃饭""妈妈上班"。3 岁的儿童已开始说简单修饰语，如"我喜欢的玩具"。4～5 岁的时候开始说出很多复杂修饰语。

美妞 6 岁生日的时候，笔者给她买了一双漂亮的带有蝴蝶结的皮鞋，因为有一点儿高度，她认为是高跟鞋，因此非常喜欢。第一次穿上这双鞋出门，美妞非常得意，说出了这样的一句话："这是第一次在我的脚上出现了漂亮的高跟鞋。"从这句话中，我们可以看到刚 6 岁的美妞已经用"第一次""在我的脚上""漂亮""高跟"等词语来修饰句子，句子结构复杂了很多。

美妞在 5 岁左右时，语言发展有一个突出的表现，就是开始会使用成语。对成语的使用，是美妞语言发展进步的一个标志。在笔者的记录中，有很多关于美妞使用成语的记录。成语是汉语言的重要组成部分，是汉语言独特的表达方式，蕴含着丰富的历史文化信息，其内容是对中国文化最直观简洁的描述，反映了中华民族的世界观、价值观、思维方式和审美标准。成语相对来说是一种更为抽象的词语概念，学习成语对儿童提出了更多的语言要求。

根据笔者的一则记录，5 岁的美妞掌握了以下的成语：毛遂自荐、叶公好龙、狼吞虎咽、虎头蛇尾、守株待兔、九牛二虎、车水马龙、精卫填海、愚公移山、狡兔三窟、狗急跳墙、片甲不留、落花流水、自相矛盾、滥竽充数、亡羊补牢、买椟还珠、万紫千红、牛毛细雨、九牛一毛、负荆请罪、迫不及待、爱不释手、视而不见、易如反掌等。从下面的记录中，可以看到美妞使用成语的实际情况。

2008 年 12 月 20 日(美妞 5 岁 6 个月)

昨晚美妞生病去医院看病，我们给她买了一个玩具。今天她很高兴地把玩具拿出来玩。美妞想把玩具里面装了一个塑料陀螺的透明圆球拧开，拧了好一会儿还是没有拧开，就呼我过来帮忙。我于是使劲地拧。美妞在一旁说话。

美妞："我迫不及待要玩这个玩具了。"

我一下子就把玩具的盖拧开了，于是顺着她说："我不费吹灰之力就把这个玩具的盖拧开了。宝宝费了九牛二虎之力还是没有把这个玩具的盖拧开。"

美妞："妈妈，爸爸刚才竟然对这个玩具视而不见，差点踩坏了。宝宝对这个新玩具可是爱不释手啊。"

2008 年 8 月 12 日(美妞 5 岁 2 个月)　词语丰富

美妞看到爸爸出去，说："爸爸大步流星地出去了。"

美妞看到表姐忘记带自己的裙子回家，说："太不可思议了，姐姐忘记带自己的裙子回家了。"

美妞在饭店吃完饭回到家说："今天我饱餐一顿。"

美妞看到妈妈没法回答她，说："你哑口无言了吧。"

从上面的语料中，可以发现 5 岁的美妞对成语的使用比较熟练，并且喜欢使用成语。当然美妞习惯使用成语，与笔者的努力培养有很大关系。为了促进美妞的语言表达，笔者在与美妞的交流中，会有意识地运用成语，并且鼓励她使用成语。在笔者的手记中记录了这样一段对话。

2008 年 6 月 12 日（美妞 5 岁）

妈妈："你是不是喜欢穿上漂亮的衣裳啊？"

美妞："是啊。"

妈妈："你说的话也喜欢'穿上漂亮的花衣裳'，所以你以后说话的时候，也应该注意给它们打扮得漂亮一点，给它们穿上漂亮的花衣服，比如增加一些成语、歇后语啊，等等。"

美妞："太搞笑了。"

除了用成语来修饰句子以外，这个时期美妞还大量使用比喻的修辞方法来修饰句子。下面的一则例子是笔者记录的美妞对鸡蛋汤的比喻。

2009 年 8 月 27 日（美妞 6 岁 2 个月）　鸡蛋汤的比喻

今天早上，我们吃的是鸡蛋汤和面包。我先吃完后，就坐在电脑前开始工作了。美妞过一会儿过来对我说："妈妈，你快来看我的鸡蛋汤。"然后她问我："汤上漂浮的鸡蛋块是不是很像一个岛屿啊？"过了一会儿她又说："妈妈，这些鸡蛋是不是很像北极的浮冰啊！"

儿童在学习那些意义之间有一定联系的词语时，会运用比喻的策略，用已掌握的那些意义具体的词语来理解那些意义比较抽象的词语。如他们可以理解成语而不限于表面的意思，渐渐熟练使用明喻和暗喻。儿童理解比喻语言的能力不但依赖于其认知水平，也依赖于儿童接触这类语言的频次。儿童在入学后使用比喻语言的能力大大加强，能将不易表达清楚的意义用修辞手段表达出来。通过下面笔者记录的这则日记可以看出，已经小学一年级的美妞对于比喻语言的使用是非常熟练和准确的。

2010 年 2 月 20 日（美妞 6 岁 8 个月）　烟花的比喻

晚上吃完饭后，我们在小河边散步。因为是春节期间，有一些人在燃放烟花。我建议美妞好好观看这些烟花燃放的情况，然后我们用一些比喻语言来形容。我先说了几句，然后让美妞说。下面是美妞对烟花的比喻。

美妞："有的烟花就像是长满星星的树。"

美妞："烟花就像是一个仙女，嗖的一声冲到天空中，然后开始散花。"

美妞："烟花就像是一朵朵盛开的菊花，开在天空中。"

美妞："烟花就像我们的笑脸。"

美妞："有的烟花发出'咚咚咚'的声音，性情急躁；有的烟花发出'嘶嘶嘶'的声音，像小老鼠；有的烟花噼里啪啦，像吵闹的孩子。"

美妞："有的拉拉花花炮，只要轻轻一拉，就能拉出五彩的丝带，像漂亮的云朵，还是环保的烟花。"

三、句法结构的复杂化和严谨化

儿童句法结构的严谨化表现在句法成分的完整表达。

2009 年 5 月 4 日（美妞 5 岁 10 个月）　美妞妈妈说不吃

晚上美妞好朋友堂堂的妈妈打电话问我，是否愿意让美妞和堂堂一起在幼儿园午餐时吃韩餐。考虑到各种原因，我们不想去吃韩餐。我开始在手机上写短信："美妞说不吃。"美妞趴在我的背上看我发短信，说道："妈妈，应该这样发短信，'美妞妈妈说不吃'。因为是你说不吃，不是我说不吃。"

从上面的这句"妈妈，应该这样发短信，'美妞妈妈说不吃'。因为是你说不吃，不是我说不吃"，可以发现，近 6 岁的美妞表达时句法结构更加复杂，并且语言更加严谨。5～6 岁儿童不仅说话的长度增长、复杂度增大，在表达的深度上也有很大的提高。

儿童在 2～3 岁时与他人的对话内容一般较短，谈话的话题转换特别多，这是因为说话的内容短，且交谈的内容没有太多的深度。在较短的谈话时间里，他们说到的话题就会特别多。但儿童到了 5～6 岁，就逐渐可以对同一个话题进行较长时间的讨论了。

笔者为了了解学龄前儿童的刻板印象，特意给美妞讲了一个《纸袋公主》的故事。这是一个关于公主和王子的故事，故事大意是：很久很久以前，在一个城堡里住着一位美丽的公主。有一天，公主跟隔壁城堡的王子在花园里玩，突然天空乌云密布，来了一条凶狠的恶龙，把王子抢走了。恶龙还从口中喷出火焰，把公主的房子连同她穿的衣服都烧掉了。公主非常气愤，就简单地找了个纸袋当衣服穿在身上，并勇敢地去追赶恶龙。最后，公主用自己的机智战胜了恶龙，并救回了王子。可当王子看到公主脸上被火熏得黑黑的，衣服也不再漂亮，而是一些皱皱的纸时，就跟公主说："你不是很漂亮，我不喜欢你了。"公主非常生气，因为她费了很大的力气才把王子救回来，结果还遭到王子的嫌弃。于是，公主就对王子说：

"虽然你长得很英俊，但是你的心却很坏。"公主说完后就离开了王子。笔者给美妞讲完这个故事，她竟然很长时间都不说话，然后在笔者的主动提问下，有了以下的对话。

2008 年 6 月 20 日(美妞 5 岁)　纸袋公主

妈妈："美妞，你喜欢这个故事吗？"

美妞不吭声。

妈妈："美妞，你听了这个故事，告诉妈妈喜欢这个故事吗？"

美妞不情愿地告诉我说："这个故事不是真的，你又在瞎编故事了。"

妈妈："为什么不是真的？"

美妞："公主是穿着漂亮的衣服的，她们不会穿纸袋的。"

妈妈："是啊，刚开始公主也是穿着漂亮衣服的，后来不是因为她的衣服都被火烧掉了吗？所以没有衣服穿了，她只能穿纸袋了。"

美妞："公主和王子是好朋友，他们不会生气的。"

妈妈："刚开始公主和王子是好朋友，公主还去救王子，后来因为王子说公主不漂亮，所以公主很生气。"

美妞："可是，我看到的故事中，公主和王子从来没有生气的。这个故事肯定不是真的，是你编的，你老编这种假故事。"

妈妈："真的不是我编的，是我从书上看到的。"

美妞："这就是一个假故事，没有这样的公主，不会有这样的故事。公主和王子永远都是好朋友，他们最后都会结婚的。"

从上面的讨论中，我们可以看到 5 岁的美妞能就一个话题较深入地表达自己的思想，无论是谈话的长度还是深度都有了明显的进步。

总之，5～6 岁儿童的句法结构已经趋于完整，使用的词语更为标准、规范。此时儿童的语言已经接近目标语了，儿童句法能力的发展也为他们即将进入小学阶段的学习打下了很好的基础。

第五节　儿童叙事性口语语篇能力的发展

前面我们在探讨儿童句法能力的发展时提到，儿童的句法能力与儿童词汇能力的发展是分不开的。同理，儿童句法能力的发展与儿童语篇能力的发展也是分不开的。

"语篇"是一个众说纷纭的概念，本书中的"语篇"是指围绕一个特定的话题在一定的语境中使用的语言基本单位，表现为围绕一个基本主题发展几个在内容和句法方面都有关联的句子。"语篇"有时指口语语篇，有时指书面语篇。我们这一节所涉及的语篇是专指叙事性口语语篇。

叙事即说故事，指有组织地表述事物或事件的语言能力，是语篇能力的重要组成部分之一。[①] 良好的叙事能力能够促使儿童开展有效的沟通。儿童的叙事能力在儿童社会性、情感和认知发展过程中具有重要作用。

语言是人类最重要的交际工具。交际功能是语言首要的、占主导地位的社会功能。儿童作为社会的一员，需要通过交际来实现自己的交际意图，满足自己的物质需求和精神需求。语篇是交际的基本单位，是实现交际意图的基本手段。儿童要想顺畅地通过语篇实现自己日益多样的交际意图，满足自己逐渐增多的物质需求和精神需求，就必须掌握尽可能多的语篇衔接手段，为自己灵活地生成多样的语篇提供最基本的材料。[②]

由于语篇是一个传达完整信息、具有一定交际目的和功能的语言单位，所以对儿童叙事性语篇能力的培养就显得尤其重要。叙事性语篇能力的发展需要立足在交际背景和文化背景之上。儿童叙事性语篇能力的发展有利于儿童在真实的语言学习操练中掌握语言知识，培养语言能力。儿童语篇意识的增强也有助于提高儿童思维积极性，提高其话语能力。

在培养儿童叙事性语篇能力的过程中，要关注儿童的表达是否具备中心、有无主题思想，语句之间是否逻辑连贯，语句之间是否衔接正确等。

一、儿童叙事性语篇表达能力培养

在培养儿童叙事性语篇能力时，应该通过创造语言环境让儿童可以就一些话题进行广泛的交际活动，如交谈、讨论、辩论、角色扮演、演讲等。让儿童有机会模拟现实生活中语言运用的重要场合。如让儿童有机会在这些语言环境中发表自己的观点、看法、事实等，同时也发出各种交际信号，如表示自己准备继续、停止、转换话题，插话，反问，应答等。因为这些信息、信号只有在交谈过程中才能产生。儿童如果能学会正确地运用叙事性语篇表达，则能有效地提高其社会语言能力和策略能力的发展。

1. 主题聊天

对于学龄前儿童来说，儿童的叙事性语篇表达能力更多体现在说话的

---

① Polkinghorne D：Narrative knowing and the human sciences，Albany：SUNY Press，1988.

② 汲克龙：《两到四岁汉语儿童叙事语篇生成能力的发展》，首都师范大学 2009 年硕士论文。

主题方面。

主题聊天强调营造自然舒适的气氛，帮助儿童建立语篇中的主题意识。所以在进行主题聊天的时候，重在创设一种情境来激发儿童的灵感，让儿童根据生活中的真实情境，充分发挥自己的想象力。通过主题聊天的形式，会有助于儿童克服说话东一锤子、西一榔头的现象，促进儿童语篇能力的形成和发展以及思想表达深度的提高，让儿童学会根据一个主题、一个中心来说话。这种聊天有助于儿童形成主题意识，也可以帮助儿童获得对某一领域事物的深入理解。同时这样的主题聊天形式，也有助于儿童对于事物保持一种开放性，促进其思维能力的发展。我们在培养美妞口语表达能力的过程中，也主要是针对这方面来进行引导的。

2009 年 2 月 21 日(美妞 5 岁 8 个月) "春天在哪里"主题聊天

春天来了，我们又开始每天饭后在小区外面散步了。今天的谈话主题由美妞的爸爸提出，他说："我们就说说春天吧?"我补充说："这个主题很好，我们一起说说春天在哪里，你从哪些方面感受到春天了。"大家都同意后，美妞的爸爸首先说："我觉得，我们脱掉了厚厚的羽绒外套，身上穿的衣服少了，这就是春天来了。"嗯，我觉得美妞爸爸思维很开阔，不是一上来就谈那些常见的。

我接着说："前几天是二十四节气中的雨水，这也说明春天来了。"美妞接着说："下一个节气是惊蛰，虫子们都开始醒来了，这也是春天。"

我又接着说："河水开始解冻了，'春江水暖鸭先知'，从这里可以看到春天来了。"

美妞说："我看见玉兰花树上已经长出了大花骨朵，这表明春天来了。"

美妞接着又说："河边的柳树已经发芽了，这也说明春天来了。"

2. 口头作文

口头作文是运用口头语言练习表达和交流的重要方式，通过口述把自己的思想、情感表达出来，与别人交流自己的观点、想法。口头作文比主题聊天难度更大一些，对儿童的口头表达能力提出了更高的要求。主题聊天是大家围绕一个主题进行自由的交流，在交流的过程中，表达的句子还是简洁的，并且是不同人之间互动交流表达。口头作文相当于是围绕一个主题，独自进行作文。在主题的要求上是一样的，但在表达的深度、长度和广度上要求更高。儿童在创作口述作文时需要独自围绕主题进行材料选择，同时还需要按照一个逻辑来重新组织材料。6 岁左右的儿童在组织材料时，更多的是叙述，即按照事件序列来进行表达。

在美妞 5 岁以后，笔者开始采用创作口头作文的方式来培养她的叙事性语篇能力。或许是因为有主题聊天的训练作为基础，所以美妞在创作口头作文时并没有感到困难。下面这则育儿手记中记录的是美妞快 6 岁时的一篇叙事性口头作文。

2009 年 4 月 7 日(美妞 5 岁 10 个月)　"春天，我发现了"

春天，我发现了，河水解冻了，春江水暖鸭先知，小鸭子们在河里快活地游泳。

春天，我发现了，柳树变绿了，柳树姐姐的长辫子在春风里跳舞，好看极了。

春天，我发现了，迎春花开花了，黄色的花朵就像一张张笑脸，好像在迎接春天的到来。

春天，我发现了，小孩子们穿着漂亮的衣服，在草地上玩耍、游戏。

下面的这篇《麋鹿苑游记》是快 6 岁的美妞参观麋鹿苑后口述的一篇叙事性口头作文。全文将近 600 字，围绕动物保护的主题来展开。通过对这篇口头作文的分析，我们可以发现美妞已经具备较强的叙事性语篇能力。

2009 年 5 月 3 日(美妞 5 岁 11 个月)　麋鹿苑游记

今天阳光明媚，我和很多小朋友一起去南海子麋鹿苑参观。

麋鹿是一种"四不像"动物，它的角似鹿非鹿，脸似马非马，蹄似牛非牛，尾似驴非驴。它们生活在湿地。南海子麋鹿苑有好多麋鹿。一百多年前，皇家苑里也有麋鹿，后来八国联军抢走了，麋鹿在中国消失了，直到 1985 年它们才坐飞机从国外来到自己的家乡——南海子麋鹿苑。现在麋鹿已经在我的家乡湖北石首实现了"野外生存"，在我的家乡有 23000 亩的麋鹿自然保护区，我真的为我的家乡感到自豪，下次回老家我一定要去看看那些可爱的麋鹿。

今天在麋鹿苑，我还看到了很多其他动物，还喂野马了，它们最喜欢吃胡萝卜了。郭耕老师还给我们做了讲解，在讲解的过程中，我了解了要保护动物，要是我们再不保护环境，我们人类也会灭绝的。最让我印象深刻的是动物之墓，地球不仅仅是我们人类的母亲，她也是动物们的母亲，当她看见自己的一些孩子灭绝的时候，她一定会伤心的。后来休息的时候，我们还进了"蜜蜂窝"玩，当了一回小蜜蜂，还进了"狼洞"。

通过参观麋鹿苑，我学到了要保护环境，要是你扔下一个塑料袋，这个塑料袋要是被一个动物吃到肚子里，就会引起这个动物死亡，要是你把那个塑料袋扔进垃圾桶里，你就保护了动物。下午回家后我还收看了郭耕老师在北京电视台科教频道主讲的电视节目《灭绝之殇》，知道了有四大原因造成动物灭绝，它们分别是：生境丧失、过度开发、环境污染和盲目引种。我希望所有的人从"我"做起，保护环境与动物。

（本文由美妞口述，妈妈代为记录。）

这篇《麋鹿苑游记》口述作文，美妞基本上是围绕动物保护的主题来创作的，具有较为突出的主题。我们也可以看到她是按照事件序列表达的，具有具体的时间线索。首先是早上和小朋友们一起来到麋鹿苑，然后上午和小朋友们参观了麋鹿和很多其他动物，还给动物们喂食了，又听了郭耕老师讲解，在休息的时候，还去了游乐场"蜜蜂窝"玩等。最后下午回家后收看了郭耕老师在北京电视台科教频道的主讲电视节目《灭绝之殇》。美妞的这篇口头作文语句之间逻辑比较连贯，衔接也比较自然。

语篇能力是语言交际能力的体现，人们运用语篇来表达思想、进行交际。美妞在《麋鹿苑游记》这篇口头作文中，描述了自己的思想、动机和情绪等。一开始用"阳光明媚"来表达自己愉快的心情。第二段表达了因为家乡湖北石首有麋鹿苑的自然保护区，所以她为她的家乡感到"自豪"。第三段表达了对麋鹿的"喜爱"。第四段表达了对动物灭绝的"伤心"。第五段表达了"希望"，希望所有的人从"我"做起，保护环境与动物。美妞在这篇游记中所表达的感情，起到了交际的功能。

总之，通过对《麋鹿苑游记》这篇口述作文的分析，我们可以发现即将入学的美妞已经具有初步的叙事性语篇能力，能围绕一个主题叙述事件，根据主题来组织材料，并且实现了语句的连贯和衔接，表达了自己的感情，实现了交际的功能。

3. 口述日记

美妞在五六岁的时候，表现出了很强的口语交际表达的欲望，非常愿意参加主题聊天、口头作文这样的活动，还特别喜欢口述日记。那个时候的美妞看笔者天天在电脑前写东西，于是提议自己也要写日记。她写日记的方法是，她自己口述，笔者帮着记录，笔者记录完了再念一遍给她听。每次她都自己定一个题目，题目有《我的书》《我和妈妈的秘密》《我的快乐》《我的暑假》《我的家庭》等。下面的内容就是美妞6岁时口述的一篇日记。

我很快乐，我觉得在我们家里，我是最快乐的。因为我天天可以在外面运动，运动才是我的最爱。我觉得运动可以带给我乐趣。我喜欢很多种运动，比如说，我很喜欢跳绳和跳大绳。因为跳大绳可以做很多花样，跳小绳也是这样的。我还有很多快乐，比如说，我喜欢朗诵，因为朗诵可以给我带来感情。你看，我有很多朗读书，我每天都朗读。我觉得和小朋友玩，也很快乐。你看，我跟小朋友玩得多开心啊。我也很喜欢写作文，你看，现在我正在写呢。你猜，我为什么那么喜欢写作文？因为我妈妈就很喜欢写作文。我妈妈说，我长大以后，肯定能当作家呢！我还有很多很多快乐，说都说不完。看书也是我的快乐，因为看书可以带给我很多知识。比如谜语书让我学会动脑筋。我还有快乐呢，我还喜欢跟妈妈在一起。因为跟妈妈在一起，妈妈每天都会陪我玩。

二、儿童叙事性语篇的三种类型

儿童叙事性语篇一般包括三种类型：个人生活叙事故事是儿童对自己真实生活中某些事件的描述，是儿童对发生在真实生活中的事件的叙述；想象叙事故事是儿童对想象世界的讲述；脚本叙事故事是儿童对常规性日常生活中观察到的事物、现象的叙述，对常规性、惯例性活动的描述。①

1. 个人生活叙事故事

5～6 岁儿童逐步发展出对自己个人生活中发生的事件进行完整描述的能力。同前一阶段的单句相比，这一阶段他们往往可以描述得更充分、细致，需要多个语句才能完成描述。上一节中所提到的《麋鹿苑游记》就是典型的个人生活故事语篇。在这一节中就不再赘述了。

2. 想象叙事故事

儿童叙事性语篇更多的是想象故事语篇。美妞有很多想象性的叙事故事，因为太多，笔者并没有都记录，下面从育儿手记中挑选出两篇分别来代表儿童不同时期的叙事性语篇发展能力。

从这两个想象故事中，我们可以看到儿童具有根据想象来叙述语篇的能力。第一则《树爷爷的礼物》是美妞 3 岁 8 个月的时候口述的，叙事的内容比较简单。第二则《我是船船游乐总公司的总经理》是美妞 6 岁 2 个月的时候口述的，叙事的内容非常丰富。可以明显看出，这个时候美妞的叙事

---

① 张放放，周兢：《儿童叙事能力发展研究综述》，《幼儿教育（教育科学版）》，2006 年第 6 期，第 47—52 页。

能力有了很大的进步。

2007年2月16日(美妞3岁8个月) 树爷爷的礼物

有一棵高高的树，树上长满了各种形状的叶子，有圆的、三角形的、长的、方的，这些叶子的颜色有各种各样的。因为不同的小鸟喜欢不同形状、颜色的树叶，这样它们就能在树叶上快乐地游戏。这些树上还挂了好多盒子，盒子里装着各种送给小朋友们的礼物。要是有在树下来玩游戏的小朋友，就可以拿走一个盒子，那是树爷爷送给他们的礼物。

2009年8月11日(美妞6岁2个月) 我是船船游乐总公司的总经理

今天上午，美妞一个人在地毯上玩。她搬了两把大椅子放两边，中间吊了一个吊床，然后分别把吊床两端的结固定。后来又拿来两把小椅子，用跳绳把两把椅子并排捆在一起，又在椅子的右边和左边分别放了一个羽毛球拍固定好。估计她觉得这很像一艘船，于是把它命名为"这是一艘船"，两个羽毛球拍这时变成了两个船桨，用来固定两把椅子的绳子则变成了安全带。于是她又把前面那两把大椅子固定的吊床也想象成是一艘船，拿了两根棍子当成船桨。

美妞："妈妈，你来坐坐这两艘船。"

妈妈："美妞真棒！这两艘船真好，美妞太有想象力了。"

过了一会儿，美妞跑来告诉我说："我一共设计了六艘船，其中有两艘是给小孩玩的，两艘是给成人坐的，还有两艘是给老人坐的。"

妈妈："你有这么多船啊，你可以当船船游乐公司的总经理了。"

美妞："嗯，这个好，我就当这个船船游乐公司的总经理。"

妈妈："你可以为你的公司设计一段广告词，这样就有更多的人知道你们的公司，来坐你们的游船了。"

美妞："太好了，我马上就来设计广告词。"

过了一会儿，美妞说："妈妈，我准备好了，你听啊——各位游客，你们好！我是船船游乐公司的总经理赵××。欢迎来到这里玩。下面我给大家介绍我们的船，这里有专为老人、小孩、年轻人设计的船。老人的船有两种，一种是可以坐在上面捞鱼的，另一种是旁边还可以坐一个人的。年轻人的船也有两种，一种是休闲用的，因为上了一个星期的班了，需要放松；一种是在船上还可以玩电脑的。小孩的船也有两种，第一种是自动的，脚可以触到水的休闲船；还有一种是脚踏船，适合5~6岁的孩子玩，这是一种可以体现古老的船，在船上设计了专为孩子准备的安全带。想请在海洋上航行的人给我们提意见，提意见的方式，第一种是写信到船船公司里，第二种是用手机打电话或发短信，电话号码是8471××××，我们将为你提供需要的东西。请大家尽情地玩吧。"

于是我故意假装是一个记者，听说船船游乐公司的生意很火爆，特意去采访总经理。在她面前做敲门的动作，她做开门的动作。

妈妈："您好，我要采访公司的总经理。"

没想到她说："啊，你要采访我们的总经理啊，总经理平时工作很忙，现在在游乐场呢，我带你去。"

于是走了两步后，美妞又假装自己是总经理，说："记者你好，欢迎！"

然后美妞和我握手欢迎我的到来。于是我的正式采访开始了。

记者（妈妈）："请问，您为什么会开一个这样的公司？"

总经理（美妞）："我小时候，喜欢开船，老没有小孩喜欢的船，所以我就想，应该根据不同的人设计不同种类的船啊。"

记者（妈妈）："请问您的生意好吗？"

总经理（美妞）："很多人都要来玩，他们经常有问题让我解答。我经常不回办公室，只有在开会的时候才回。"

记者（妈妈）："哪些人最喜欢玩这些船？"

总经理（美妞）："他们都喜欢，可以坐船、工作、放松，好玩。"

记者（妈妈）："我也想坐坐，请问怎么收费啊？"

总经理（美妞）："你不用钱，你挑一个最喜欢的吧。我们这原来是一片湿地，后来加了一些水，变成了一条河，有些地方还没有开发，为了让小朋友能看到真正的湿地。"

3. 脚本叙事故事

儿童对日常生活中的各种事物、现象的关注度和观察能力是逐步提高的。随着这些能力的发展，他们形成了按照一定的模式观察类似事物的能力。其语言的表达结果就是脚本类叙事。下面的这个例子是美妞从幼儿园毕业以后口述的，是对自己生活中所观察到的事物的脚本叙事。

幼儿园毕业了，我在家里休息。我觉得在家里没有在幼儿园好玩。所以我想在家里创造一个像幼儿园一样的环境。妈妈当老师，我在家里学习。每一天我都学习。我觉得就像在幼儿园一样。在家里的上午我学习，吃完饭，睡完午觉，下午我就玩。外面热的时候，我自己看书，安排自己的时间，选择我最喜欢干的事情。平常我会选择在家里玩，但是有些时候我喜欢看书，我有《西游记》等童话故事书。我会看老师以前给我批改的作业，和现在对比一下，看看是哪个更好一点。我猜当然是我现在写的作业更好一些。以前妈妈送我一本她写的书，我今天翻出来看。我可以看我最喜欢的书。晚上的时候我可以出去玩，因为我的学习任务全部完成了。晚上我可以选择我喜欢干的事情，我一般选择去外面运动一会儿。晚上要睡觉了，我肯定会睡不着的，因为我今天好高兴。你猜我为什么这么高兴？因为我今天写了一篇作文。

三、儿童叙事性语篇能力的发展及意义

叙事性语篇对儿童的语言能力提出了较高的要求。首先，从认知层面来讲，儿童在叙事时要具备多种语言能力，如基本的字词、语法，适当的连接词，清楚的指称用语等。其次，儿童在叙事时还需要一些认知领域的技能来辅助，如记忆、逆向思维、把事件按时间或因果顺序组织起来等能力。因此，叙述一个连贯、有趣的故事需要儿童的语言、认知能力都达到一定程度。

通过对美妞前面所列的这几种不同类型的叙事性语篇来看，特别是从《我是船船游乐总公司的总经理》这篇叙事性语篇中，可以发现美妞对于故事中的人、事、物之间的关系以及事物发展的因果关系有清晰的认知。她扮演了总经理，设计了广告词，同时还假装自己是总经理，接受了记者的采访。从这些叙事内容中可以看出，6 岁的儿童已经能够轻松驾驭不同场景中的话语、不同身份的人的语言，具有较强的叙事能力。

叙事能力已被众多语言专家用来作为研究儿童语言发展的主要评估指标。我们从儿童所表现出来的叙事能力，可判断出不同年龄阶段他们的语言发展水平。一般来说，儿童的叙事能力会随着年龄、语言、认知能力的发展而发展。国外一些研究表明，叙事能力从婴幼儿期开始萌发，直到儿童晚期甚至成年期，才能达到一般意义上的完善。当儿童到了三四岁时就已经可以不在大人的协助下独立地进行叙事，并且在叙事中会提到两个以上的事件。儿童到了五六岁时，通常都可以叙述一个较长且结构完整的故事。①周凤娟等人的研究发现，学前儿童叙事的微观结构和宏观结构各指标

① 王婷、吴燕、吴念阳：《3—6 岁儿童在不同叙事活动中的叙事能力》，《学前教育研究》，2014 年第 8 期，第 7—25 页。

均随年龄增长而增长。① 随着年龄的增长，儿童的叙事能力在句法和词汇上都会有所发展，对一个主题的讨论、句子中的谓语、句子间的连接词都会增加，还会有从句出现。

通过对美妞的叙事性语篇的分析，印证了已有研究的结论。从美妞不同年龄阶段的叙事性语篇可以看出，学龄前的儿童都能就一个主题进行叙事。我们还可以发现5～6岁儿童的叙事性能力明显高于3～4岁时的叙事性能力。美妞在5～6岁时讲的叙事性故事中，逐渐出现复合句等复杂句式。5～6岁时的词汇量也随着年龄的增长逐渐增长。这些表明5～6岁是儿童叙事发展过程中的重要转折时期。

儿童叙事性语篇的长短是儿童语言能力发展的一个重要指标。叙事能力的发展对表征发展、知识基础建构、问题解决策略的形成起着支撑作用。学前儿童的叙事能力不仅对儿童从口语向读写的顺利过渡起着重要作用，也和学习成绩尤其是阅读理解成绩呈现正相关，儿童早期的叙事能力能够很好地预测其入学后的学业成绩。② 同单个语句相比，语篇对语言的要求更高，除了词汇和句法能力之外，还涉及逻辑等其他思维能力。学龄前儿童叙事性语篇能力的发展将为其进入小学后的口语表达及写作打下良好的基础。如果这个时候，成人加强这方面能力的开发，会有利于儿童后面的作文学习。首先他会觉得，写作不是很难的事情，就是我们把心里想的东西表达出来。其次，这些经历会促使他对自己形成积极的评价，觉得自己很能干等。

儿童的家庭背景影响儿童叙事能力的发展。研究表明，早期的社会化经历对儿童的叙事能力来说非常重要。如果家长注重给儿童提供丰富的早期语言环境，在儿童面前多讲述故事或是阅读图画书，儿童就会获得更多的读写能力经验。社会处境不利家庭的儿童可能存在读写困难的风险。③ 美妞在《我是船船游乐总公司的总经理》叙事性语篇中提到了游乐公司、总经理、记者、湿地等词汇，说明她的家庭给她提供了这些经验，促进了她的语言发展。

---

① 周凤娟、章依文：《学龄前儿童看图叙事能力的微观结构和宏观结构研究》，《中国儿童保健杂志》，2010年第1期，第18—21页。

② 曾维秀、李甦：《儿童叙事能力发展的促进与干预研究》，《中国心理卫生》，2006年第9期，第572—575页。

③ 刘玉娟：《3—5岁汉语儿童叙事能力发展的实验研究》，《中国特殊教育》，2017年第11期，第92—96页。

儿童的家庭背景影响儿童叙事能力的发展，还体现在家长在儿童叙事过程中的引导。已有研究表明在引导儿童叙事的方式方面，如果母亲善于通过提问、评论来拓展话题，儿童叙述的内容就会十分丰富；相反，如果母亲只问很少的问题，并突然转换话题，儿童就没有机会进一步解释或扩展所说内容。[①] 通过《我是船船游乐总公司的总经理》的叙事，我们也可以看到，正是在笔者的建议下美妞设计了一段非常精彩的关于广告词的叙事。后来，笔者假装进行采访，和美妞之间又有了一段拓展性的叙事。所以，在儿童叙事中，家长的及时引导对儿童叙事能力的发展非常重要。

叙事源于文学理论，是文学要素之一。叙事即讲故事，讲叙事者亲身经历的事件。相比较于儿童与家长对话、听故事和读绘本等方式，发展儿童叙事能力更有利于促进儿童语言能力的发展。因为叙事的优势在于不仅可以反映儿童句法能力，而且可以反映儿童语言、语法的组织及逻辑能力。总之，儿童的叙事性语篇能力的发展，为儿童后续的阅读能力和写作能力的发展都打下了很好的基础，是儿童读写能力的萌芽。

大多数家长比较关注对于学龄期儿童的读写能力的培养，如果这个时期加强对于儿童叙事性语篇能力的培养，会有助于其后期语言能力的发展。遗憾的是，很多家长对于学龄前期儿童的语篇能力的培养比较忽视，或者把更多的精力投入培养儿童认字、拼音和写作等方面了。笔者希望通过美妞的个案，让更多的读者了解到儿童语篇能力培养的重要性及学龄前儿童到底应该如何进行语言方面的教育。

总体上来说，对美妞的口语能力方面的培养，为美妞的语言能力发展打下了一个良好的基础。美妞的小学老师反映，刚入学的美妞口头表达能力很强，很快适应了小学的学习和生活。

第六节　如何构建促进儿童口语能力发展的语言环境

在前面的章节中，已经通过描述美妞的词汇发展、句法能力和叙事性语篇能力发展的过程，大致了解了美妞口语能力各个方面的发展情况，从中对儿童的口语表达能力是如何发展的也有了大致的了解。

儿童口语表达能力的发展涉及很多方面的因素，如儿童认知程度、语

[①] 刘玉娟：《3—5 岁汉语儿童叙事能力发展的实验研究》，《中国特殊教育》，2017 年第 11 期，第 92—96 页。

言本身的复杂程度、语言输入环境等。在影响儿童口语能力发展的环境中，家庭、学校(幼儿园)和同伴的交流是影响儿童口语能力发展的重要因素。当然在所有的环境因素中，家庭的作用尤其突出。各种因素通力合作，构建对儿童口语能力发展的良好语言环境，是促进儿童语言能力发展的有力保障。

当儿童学习语言时，她不仅需要学习语音、语义、语法等方面的知识，更关键的是学习怎样合适地运用语言。《3～6岁儿童学习与发展指南》中有关语言领域的部分开宗明义地指出："幼儿在用语言进行交流的同时，也在发展着人际交往能力、理解他人和判断交往情境的能力、组织自己思想的能力。"

学龄前儿童足量语料的输入是必要的，这样才能激发儿童的天赋官能，才能激活普遍语法。因此，在培养儿童的词汇及口语能力发展时，家长应该综合运用多种途径来构建儿童语言学习的环境。在美妞学习语言的过程中，笔者尝试了以下方法来构建语言环境，效果还是比较理想，在一定程度上促进了儿童语言能力的发展。

一、通过角色扮演游戏学习语言

游戏对于儿童来说，有一种特殊的意义。游戏就是他们的生活，就是他们的学习。游戏是儿童社会化的过程，是儿童学习的过程，也是儿童学习和发展语言能力的过程。儿童游戏时同周围的环境发生接触，并不断地获得新的知识。在游戏的过程中，孩子的身体和思维的能力不停地得到锻炼和发展。当孩子在游戏中能积极地把握真实的时候，就能感受到真实。儿童能从游戏中扩展其自身的感觉能力，以及发展对他人情感的理解能力。儿童在同其他孩子或者成人的共同游戏中学会给予，学会通过语言来配合。他们正是通过游戏逐渐形成自己的社会行为、情感世界的。游戏具备趣味性、动态性、情境性、创造性等特征，也有满足于儿童的表现自我、满足需要等方面的本质特征。

游戏是一种能够让儿童在实践中获得语言能力的教学方式。在游戏中渗透语音、词汇等语言要素，能对儿童的语言能力发展起到极大的促进作用。游戏为儿童语言的实践提供了机会，儿童在游戏中练习了发音，训练了表达，丰富了词汇，理解了语义。

在所有的游戏中，角色扮演游戏是儿童最喜欢的一种游戏。同时角色扮演游戏也是非常有益于儿童语言能力发展的一种游戏。因为在角色扮演游戏中需要语言代码。语言代码是指那些符合社会期望的语言，指人们根据不同的参与者、不同的语境、不同的话题而选择的语言变化。相对于语用发展中儿童的会话和对话的语言形式而言，语言代码更强调语言的变化性，而会话和对话则更强调合作性。研究表明儿童在获得语言的同时获得语言代码。儿童通过角色扮演游戏来理解不同语言形式和语境之间的关系。也就是说，儿童通过对不同角色扮演时说不同的语言来显示他们关于语言代码的知识。儿童对语言代码的敏感出现在学龄前期间。①

在美妞的成长过程中，她和别的孩子一样也特别喜欢玩角色扮演游戏。如扮演医生给家人看病，扮演护士给娃娃打针，扮演老师给毛绒玩具上课，扮演邮递员给妈妈送信，扮演顾客点菜，扮演妈妈给孩子打电话，等等。美妞上幼儿园时常生病，常去医院看病，因此在看病的过程中学习了医生是如何看病、护士是如何打针的。看病回家后，有时候她在家里玩打针的游戏，打针的程序可以说与护士阿姨们丝毫不差，并且可以用生活中能找到的物品来完美代替医疗器械，在打针看病的过程中还会模仿医生和护士对病人说话。美妞的角色扮演游戏灵感除了来自日常生活中，还会来自书本中的故事，也有一些来自自己的想象。下面是笔者育儿手记中记录的几个例子。

1. 根据故事文本进行角色游戏

3岁的美妞喜欢根据故事文本进行角色扮演游戏，即把儿童绘本上一些有趣且简单的故事改编成角色扮演游戏。家人和美妞分别扮演故事中的不同角色。我们把美妞耳熟能详的一些故事都进行过改编，效果很好。这种游戏能够很好地促进儿童口语表达能力的发展，不仅能丰富其词汇，让儿童学会通过不同的人物角色来表达，学会代入一个不同于自己的角色来说话，也丰富了儿童语言表达的情境。

2. 生活场景模拟游戏

通过仔细观察美妞的游戏，笔者发现她最喜欢的游戏是生活场景模拟游戏。下面的菜单游戏是美妞5岁6个月时最喜欢玩的游戏。

2008年12月23日(美妞5岁6个月)　菜单游戏

昨天我从幼儿园接美妞回来，发现家中门框上又发有小广告。我很讨

---

① 贺利中：《影响儿童语言发展的因素分析及教育建议》，《教育理论与实践》，2007年第3期，第31—33页。

厌这些小广告，而美妞却很喜欢这些小广告，一般都会拿回家玩上一会儿。今天发的是一家比萨店的广告，上面除了比萨外，还印有其他一些风味副食、饮料等。美妞研究了一会儿，开始有了主意。

美妞："妈妈我们玩点餐游戏吧。"

我："好啊，怎么玩啊?"

美妞："我假装是来饭店吃饭的，你是饭店的服务员。你把饭店的菜单(小广告传单)给我，同时像饭店的服务员一样，给我介绍最近本店的特色菜、招牌菜、特价菜和各项优惠活动。然后我开始点餐。"

我假装正式地介绍："我们店的特色菜是……"

美妞："妈妈，你给我拿支笔来，然后我在我选择的菜品上画圈。"

在我一本正经地介绍各种各样的菜的同时，美妞煞有介事地在捡来的小广告上画圈。过了一会儿，美妞画了几个圈后，把点好的菜单递给我。

我："请问这些就是您点好的菜吗?"

美妞："是的，注意菜不能放辣椒。"

我不想玩了，于是说："这个游戏玩完了吗?"

美妞："再来一次，太好玩了。"

我："不玩了，不玩了。"

美妞不给我说不的机会，马上接着说："听说你们店的比萨不错，很好吃。我今天又来了，把我爸爸妈妈都带来了，这些天太忙了，不想做饭。(美妞假装自己是成人)请把菜单给我，给我介绍你们今天的特价菜。"

于是我又把菜单和笔递给她，给她介绍了今天的特价菜。她挺像回事地又开始点菜了。这次，还要了一瓶果汁。

第二圈游戏结束后，她又来了。

我："你为什么天天来吃比萨啊，你不嫌比萨难吃吗?"

美妞赶忙说："我以后想去外国上大学，我现在得适应外国的生活，吃比萨啊。"

我装作恍然大悟的样子说："原来是这样啊，欢迎欢迎。请问，你现在适应外国的生活了吗?"

美妞大笑说："吃比萨已经适应了，但我还是不习惯他们用刀子和叉子吃饭。"

妈妈接着问："你是不是住的地方离这儿很近，经常过来吃啊?"

美妞："是啊，我还没有买房子，住在妈妈家里，距离这儿很近。"一边说着一边比画用叉子吃饭的样子。

最后直到这个菜单上所有的菜都被她画了个遍，这个游戏才算完。

在菜单游戏中，我们看到美妞扮演了几个人的角色。第一次是假想作为一名普通客人来就餐。第二次是假想带着爸爸妈妈来就餐。第三次是假想在外国读大学回家度假，然后来就餐。虽然都是作为顾客，但每次顾客的身份是不同的。在整个游戏中，她根据不同的身份来点菜，根据不同的身份使用不同的词汇和话题。从上面的例子中，我们可以发现5～6岁的儿童能够根据不同的身份和听众需要，来调整自己的语言。

角色游戏是象征性游戏的主要表现形式。象征是指用具体的事物表现某种特殊意义，即儿童把一种事物当作另一种事物、把自己假装成另一个人等，都是象征的表现形式。[①] 象征性语言是指儿童围绕角色游戏主题展开的模仿和想象性的话语。我们可以从是否包含象征性角度出发，将儿童在角色游戏情境中的语言分为象征性语言、非象征性语言和其他语言三类。象征性语言是指儿童围绕角色游戏主题展开的模仿和想象性的话语；非象征性语言是儿童围绕真实游戏场景中玩具材料的操作进行的对话；其他类型的语言包含了与当前游戏无关的话语以及回应性、重复性的话语等。随着年龄的增长，儿童三种类型的语言呈现出不同的发展趋势，其中象征性语言的比例随着年龄增长不断增多，表明儿童在游戏中越来越投入充满想象和幻想的象征游戏情境。相反儿童的非象征性语言比例和其他类型语言的比例都随着年龄的增长不断下降，表明儿童在游戏中单纯围绕玩具材料的对话和与游戏无关的对话都越来越少，谈论的话题更多聚焦在游戏情境中。[②]

结合美妞的角色扮演游戏的语言分析，可以发现随着年龄的增长，角色游戏情境中儿童运用的象征性语言比例逐渐增多，而非象征性和其他类型语言的比例逐渐下降，表明儿童对游戏的参与程度更高，象征性能力逐渐提高。5～6岁阶段是儿童象征性语言发展的关键时期。

二、通过讨论学习使用语言

语言的价值在于运用，语用能力是语言发展的高级层面。儿童语言运

---

① 邱学青：《幼儿园自主性游戏的实现条件》，《学前教育研究》，2008年第1期，第55—58页。

② 杨晓岚：《4—6岁儿童角色游戏情境中的同伴互动语言研究》，华东师范大学2018年博士论文。

用是儿童语言能力发展的动力。儿童在交往过程中成长起来的语言运用能力主要表现为儿童如何运用恰当的语言形式表达自己的交往倾向，如何运用恰当的策略展开与他人的交谈，如何根据不同的情境运用恰当的方法组织语言表达自己的想法。下面的这一则妈妈育儿手记记录了儿童是如何在讨论中学习使用语言的。

2009 年 6 月 13 日(美妞 6 岁) 人为什么不需要保护色

今天早上我跑步回来的时候，在外面的地上捡到一只天牛，于是带回家让美妞观察，美妞很高兴。

妈妈："美妞，我刚才在外面捡到一只天牛，送给你。"

美妞："太好了。"

妈妈："你看天牛有几条腿啊？"

美妞："有六条腿。"

妈妈："你再看看它的身体结构，可以分成几部分呢？"

美妞："可以分成头、胸部、肚子。"

妈妈："天牛是一种昆虫。"

观察完以后，美妞告诉我："妈妈，我们必须把这只虫子放掉。"

爸爸："这是一种害虫，我们应该消灭它。"

美妞说："不管怎么说，这也是一条小生命啊。"

最后还是尊重她的意见，把小天牛放飞了。然后我们接着开始讨论。

美妞："妈妈，我知道蚂蚱是一种昆虫，这种昆虫有自己的保护色。为什么我们人类没有保护色？"

妈妈："是啊，人要是有保护色该多好啊！"

美妞又说："人很大，当然就不需要保护色了。"

妈妈于是反问道："那斑马不是比人更大吗？为什么人就不需要保护色呢？"

美妞想想说："妈妈，因为人有武器，不用害怕它们啊，所以不需要保护色了。"

妈妈于是接着问她："人为什么会有武器啊？"

美妞很快地回答说："因为人有聪明的大脑，会想办法啊，会制造工具和武器，所以就不需要用保护色来保护自己了，我们人类是地球上最聪明的物种啊。"

通过上面的例子，可以发现儿童在与成人的讨论中学习使用语言。在讨论过程中，儿童既是参与者也是观察者。因此在这个阶段，让儿童通过讨论来促进语言的发展是必要的。一方面有利于儿童在听说过程中将语言内化，另一方面儿童在与成人的交流中学会表达自己。一问一答的话语模式在家长与孩子的交流中有重要的意义。成人与儿童开展讨论类的语言活动，为儿童创设带有冲突性质的交流情境，会更有利于提升儿童语言表达的逻辑性和条理性。在上面的例子中，笔者通过话题"人要是有保护色该多好啊"为美妞创设了带有一点冲突性质的交流环境，然后我们看到美妞通过举例、比较等方式来一步步深入解释，这在一定程度上促进了儿童语言表达逻辑性和条理性的提升。

三、通过举例创设理解词汇的情境

儿童是在情境中学习理解词汇的。美妞有时问笔者的一些问题，实在是让笔者无法回答，于是只能通过举例创设理解词汇的情境的方式帮助她理解。美妞有时候也会主动提出她的要求：你用孩子能听懂的语言给我解释一下。

2009 年 6 月 13 日（美妞 6 岁）　什么是"博"

美妞在自然科学方面积累了一些知识，我笑称她为小博物学家。美妞于是反问我什么是博物学家。我告诉她博物学家就是学问很多的人，对很多事情都了解的人。于是美妞问我："妈妈，你是博士，博士是什么意思?"于是我给她解释："博士是一种学位，意思是学问很高的人，在某一方面研究很深入的人。"接着我们一起来找还有哪些带"博"字的词语，于是找到了"博物馆""博大"。最后我让美妞分析"博"是什么意思，美妞告诉我说："博就是大的意思。"

"博"这个词属于很抽象的词，儿童很不容易理解，需要通过举例创设一些情境来帮助儿童理解。

四、通过与同伴交流学习语言

尽管家庭是儿童学习语言的最主要的环境，但不是唯一的环境。对于儿童来说，与同伴的交流也是促进他们语言发展的重要环境，特别是儿童在进入幼儿园以后，与同伴的交流成为他们学习语言的重要途径。

语言环境对语言运用有很强的制约性，因此不同语言环境下儿童表现的语言运用能力也是截然不同的。儿童在家庭环境中的表现与她在幼儿园、学校等集体环境中的表现有很大差异。在家庭环境中，儿童更多地表现为家庭的中心，不需要更多地去引起他人的关注。但在集体环境中，儿童需要更多地学习如何与他人交流。儿童在与父母游戏中和与同伴游戏中，语言就有很大的差异。

在生活中我们也可以发现，一些在家里平时滔滔不绝的孩子却并不善于在集体中表达自己的想法。这些情况提示我们，儿童语言能力的发展绝不能仅仅依靠家庭环境，而应当创建和利用多种情境。特别是儿童进入幼儿园以后，环境的重要性会更加突出。

美妞 2 岁 7 个月的时候，有一天给她穿小棉裤时，她指着棉裤上的奥特曼图案，非常认真地说："妈妈，这是奥特曼。"笔者当时吃了一惊，因为一直没有给她讲过这方面的内容。所以笔者估计她是从哪位小朋友那儿学习到的。

后来我们发现在美妞入园后，这种现象就更常见了，不仅有时会说出一些我们在家里从来没有提到过的事物的名称，而且一些语言表达方式都会和家里不一样，而这些大部分是美妞通过和小伙伴或者其他人交流获得的。例如，有一段时间我们发现她这样说话："妈妈，你睡醒了没？""我吃完了都。"明显不是我们家的说话方式。我们家更习惯的表达方式是："你睡醒了吗？""我都吃完了。"看来美妞在这一阶段说话受家庭以外的影响很明显。在与美妞的对话中，笔者经常发现她使用一些笔者不使用的词语，如一些北京方言中的儿化音。这些都说明外部环境也是影响儿童语言的重要因素。下面这则育儿手记则记录了美妞 5 岁 3 个月时这方面的情况。

2008 年 9 月 7 日（美妞 5 岁 3 个月）　拜托

这两天美妞最喜欢说的一个词语是"拜托"。我和她爸爸从来不说"拜托"这个词，而是用"麻烦"这个词表达同样的意思。很明显这个词语不是从我们这儿学会的，而是从幼儿园的小朋友那儿学来的。儿童通过家庭以外的环境学习语言，除了在词汇方面外，在语言表达方式等方面都会受到外界的影响。

儿童与小伙伴的对话是一种有利于激发和展现儿童最佳语用能力的互动情境，同伴丰富的交流内容和多样的语言形式，能够为全面提高儿童语用能力的真实水平提供最好的途径。如儿童与小伙伴在游戏中的争吵、与他人交往中的冲突行为可能反映出儿童有较高的社会技能和言语技能。适当的冲突对儿童良好人际关系的形成有重要作用，能够对儿童角色游戏活动的开展、语言的运用，以及社会交往能力的提升都起到事半功倍的效果。

遗憾的是，在本研究中，笔者由于在最初记录的时候，并没有从研究儿童语言的角度积累资料，因此导致这方面的资料较少。但作为美妞成长过程中的陪伴者，我能感受到她在与小伙伴交流中促进了语言能力的提高，这点是家庭环境所不能提供的。

五、通过听广播等途径学习语言

儿童语言能力的发展，需要大量的语言刺激。语言刺激量越大，儿童的语言能力发展就越好。尽管儿童在日常生活中通过与家人的交流，能够满足语言的刺激。但是我们必须意识到，仅仅依靠日常交流的语言输入刺激，对儿童来说是不够的。因为每个家庭由于文化环境、家长专业和职业、生活习惯等方面的限制，会产生一些家庭常用的词汇，而另一些词汇可能会比较缺乏，这在一定程度上会阻碍儿童语言的发展。儿童如果要扩大词汇量，需要通过别的途径来学习，那么通过听广播和阅读就能很好地弥补这方面的不足。

对于学龄前儿童来说，收听广播是一条重要的语言输入途径。同时儿童也喜欢收听有声读物等广播节目。这些声音刺激可以提高儿童的语言能力，帮助孩子们学习新的词汇。广播能够弥补平时儿童与家人日常交流中词汇的限制，能够扩大交流的方面，从而促进儿童词汇的发展。美妞在收听广播的过程中，获得了很多从家庭里不能习得的词汇，特别是一些非口语词汇。

2008年9月24日（美妞5岁3个月） 听广播的好处

美妞每天晚上坚持听中央广播电台文艺之声"李佳阿姨讲故事"节目已经有一段时间了，她很喜欢听，如果不是非常特殊的原因，她都会坚持听。她陆续听了《爱丽丝漫游仙境》《骑鹅旅行记》《匹诺曹》《小鲤鱼》《小鹿斑比》等故事。美妞从故事当中学到了很多词语。她在故事中听到一些不能理解的词，事后会问我们，如最近她问我"卑鄙"是什么意思，就是她在故事中听来的。而这些词在我们与她平时的交流中肯定是不会涉及的。

美妞在整个学龄前和小学阶段听了非常多的有声读物，正是这些有声读物在很大程度上促进了她的语言能力的发展。美妞在4岁时主要是听广播电台，5岁时听了"汉声中国传统故事"，6岁左右开始听《世界历史五千年》和《中国历史上下五千年》等，小学二年级以后因为近视，笔者给她购买了更多的有声读物，借此她听了大量的书籍，包括一些中外世界名著等。美妞正是在听书的过程中，打下了良好的语言基础。

很遗憾的是，在笔者的手记里并没有记录太多关于美妞通过听有声读物来促进语言能力发展的资料。我们能看到她通过听书发生了变化，但具体是如何变化的，则没有进行细致的记录。这是因为她听有声读物，更多时候是她自己的个人行为，作为家长没有办法了解她实际参与的情况。所以关于这一部分，笔者不再进行过多的讨论和分析。

六、纠错方式与词义理解

儿童在学习语言的过程中，经常会出现错误，如对词义的理解不符合目标语，语法的错误使用等。通常大部分成人并不太关注儿童语言形式正确与否，只关心儿童说的事实是否正确，只要能够达到沟通目的就可以。成人不去过多关注儿童话语中的语法错误并不令人担心，因为儿童能够自觉运用已有的词汇知识和语用知识揣测成人话语的意思，语言能力发展最终都会完成。但如果在儿童学习语言的过程中，成人能够对其语言的错误进行合理的纠错，将会促进儿童正确理解词义的能力。因为成人的纠错行为有利于儿童得到正确的语义线索，会对儿童的词义理解能力产生积极影响。

一般来说成人对儿童的纠错方式主要有"同义换用法""定义法""情境法"等。"同义换用法"是通过换用意义相近的词语来帮助儿童理解语言。"情境法"是设计词语可以出现的生动场景，让意义抽象的词形象化、具体化。"定义法"是通过下定义的方式给儿童解释出错原因，当然这种定义是通俗的，而且会尊重儿童的理解习惯，并与"情境法"结合起来使用。[①]

美妞 5 岁左右的时候，对"大排档"和"饭店"的词义区别不清。她不知道为什么都是吃饭的地方，有些叫大排档，有些叫饭店。于是妈妈通过下定义的方式，给她解释大排档一般是比较低档的、大众的就餐场所，通常在室外。于是她就能很好地了解这两个词语的区别了。

---

① 魏锦虹：《低龄儿童词义理解的制约因素》，《绵阳师范学院学报》，2003 年第 1 期，第 90—92 页。

七、家庭与儿童的语言能力发展有密切关系

在所有影响儿童语言表达能力的因素中，家庭是最重要的。家庭环境对儿童词汇及口语表达能力发展的影响体现在多个方面。家庭是儿童最早的社会活动环境，家庭环境中家庭成员的教育水平、价值观念、语言水平等方面必然对儿童口语表达产生重要的影响。父母作为孩子的主要监护人和抚养人，是给孩子提供语言环境最直接的人，是促进孩子言语发展的关键人物，与孩子的交流互动时刻影响着孩子的语言习惯。

通常认为，父母的受教育程度越高，越有利于儿童口语表达能力的发展。因为受过高等教育的父母，他们可能了解较多的育儿知识，[①] 比较重视孩子的语言思维和语言认知能力的培养，在跟孩子进行言语交流时，更重视语言的规范化、礼貌化。父母受教育程度还会影响儿童语言输入的数量和质量。父母受教育程度越高，与孩子接触中使用的词汇和较复杂的句子越丰富。因此成人在与儿童对话的过程中，要注意词汇的多样性，可以根据情境尽可能使用多样性的词汇，这将在一定程度上丰富儿童的词汇。

母亲为主要抚养人，与孩子交流机会较多，因此至少在幼儿期母亲对孩子语言发育的影响更大。母亲的大量词汇的输入增加了儿童对不同词汇的接触，让他们能够对母语有更加清晰的认识，了解不同词汇之间的差异，以及词汇的多种用法，长此以往，儿童在语言表达方面就有较好的表现。母亲大量的词汇输入也增加了儿童掌握词汇的练习机会。而经常出现的词汇很有可能出现在不同的情境以及不同的语法结构中，这使儿童能够习得词汇的跨情境性以及词汇的具体用法。这些大量的机会都向儿童提供了关于各种词汇含义的信息。由于重复接触这些词汇，儿童就习得了这些词汇的含义、语法以及用法等，这对他们今后将词汇组成句子起着十分重要的作用。母亲言语输入的词汇的总数、词汇的多样性和语句长度对儿童的语言发展起着不同的促进作用。[②]

家庭在儿童语言能力发展中的作用，除了增加词汇量、提高句子复杂程度等，也体现在与儿童进行语言沟通模式上，如家长在儿童理解词义过

---

① Dollaghan C A, Campbell T F, Paradise J L, et al. matemal education and measures of speech and language[J]. J Speech Lang Hear Res, 1999, 42: 1432—1443.

② 左玉婷:《学步儿语言发展:母亲言语输入特征的作用》,首都师范大学 2013 年硕士学位论文。

程中的积极反馈、强化都会在很大程度上促进儿童口语能力的发展。家庭营造的一般认知环境为孩子提供了不同的教养方式。父母与孩子互动的敏感度及其质量一般以语言为媒介、受家庭社会经济地位制约，但也并不是一一对应。父母教养方式包括对孩子的正面关注、感情支持，对儿童自主行为的尊重、限制、惩罚和敌意等，在儿童的语言能力发展过程中起着很重要的作用。父母的敏感度与孩子的语言学习结果之间有着极强的联系，也不同程度地影响着亲子互动模式。

不同的语言观念、性格角色、文化环境都会使儿童在语言习得方面产生很大的差异，形成不同的语言习得特点。每个家庭都有自己的文化，有些家庭容易形成一种平等、安全、活跃的家庭文化，如家长喜欢与儿童就儿童身边所经历的事情进行聊天，有利于增强亲子之间的感情，培养孩子的语言表达能力，丰富孩子的知识面，以及培养孩子的归纳、总结能力。有些家长比较严厉，容易形成不苟言笑的家庭文化，这不利于孩子语言能力的发展。因此家庭应该积极营造有利于交流的家庭氛围，父母应该为孩子创设丰富的语言环境，采用多种语言互动模式，促进孩子的语言表达。

第二章　儿童阅读能力发展

美妞两三岁时在父母的引导和陪伴下阅读，上幼儿园大班时开始尝试独立阅读绘本，一年级的时候能够借助拼音阅读。上小学后，随着她的词汇量的增长，以及词语编码能力越来越熟练，她能更流畅地阅读了。到了三年级以后，她的阅读速度越来越快，并且已经能够默读，阅读的内容也越来越广泛和深奥。她表现出了对阅读的热情和兴趣，并已经养成良好的阅读习惯和阅读方法。她快速地从阅读中获取知识，满足好奇心，阅读了大量的儿童文学、科普读物。她在阅读的世界中感到自由和惬意，最喜欢的事情就是让自己有更多的时间来看自己喜欢的书。

当然，学校教育在培养美妞的阅读能力方面也发挥了非常重要的作用。美妞从一年级到五年级都是由同一个语文老师教授，美妞非常喜欢这位老师的课，老师在培养美妞的阅读能力方面也倾注了很多精力。但由于本研究主要关注家庭教育，所以没有涉及学校教育是如何促进儿童的阅读能力发展的。

儿童是如何阅读的，不同阶段的儿童的阅读能力是如何发展的？儿童在阅读的时候，她的心理有什么特点和规律？我们如何利用儿童阅读的特点和规律来培养儿童的阅读能力？在这一章，笔者将结合美妞阅读的故事，通过回到事情本身，回到儿童日常的阅读生活经验，来探讨儿童阅读。

第一节　儿童阅读能力发展概述

一、阅读的意义

阅读是人类学习的基础，人们通过阅读可获取各种信息，并促进个体发展。阅读能力是一切学习能力的核心，坚持阅读是现代人所应具备的基本素养。阅读的重要性怎么强调都不过分，培养孩子的阅读能力是奠定孩子一生幸福的基石。

1. 阅读是提高儿童语言能力的重要途径

对于儿童来说，阅读可以丰富他们的词汇，拓宽他们的知识面，帮助他们形成良好的听说习惯，使用恰当的语言进行交流。阅读能够促进儿童的语言发展（口语、书面语言、写作等），促进儿童的脑发育和思维发展，促进认知能力的提高；阅读能够促进人际关系和社会行为；阅读能够促进社会性情绪的认知和调节；阅读能够促进自我的发展；等等。

2. 阅读是丰富儿童知识经验的最有效的途径

一些相关的研究表明：小学三年级（9岁左右）是儿童阅读发展的关键期，在此之前是"学习阅读"，三年级之后则是"通过阅读来学习"。如果儿童在小学三年级之前还没有培养出阅读兴趣和阅读技能，以后将出现"富者愈富，贫者愈贫"的现象，也将影响到他们其他学科学习能力的发展。因为阅读是丰富儿童知识经验的最有效的途径，学会了阅读的儿童能够通过阅读获取更多的知识，这会非常有助于他们的学习。

3. 阅读给儿童带来快乐，丰富了儿童的精神世界

儿童之所以喜欢玩游戏，是因为游戏能让他们感到快乐。同理，要想让儿童喜欢读书，就要让他们感受到读书的快乐。如果儿童能够在阅读中发现快乐，我想家长其实是不需要刻意培养儿童的阅读兴趣的。当然，这种快乐不仅仅是因为新奇或有趣的情节，也可能是因为读起来酣畅淋漓。而且无论哪一个年龄阶段的儿童，都能从阅读中感受到快乐。

二、阅读能力的培养是学校和家庭共同的责任

培养儿童阅读能力一直是语文教学的重要任务，《全日制义务教育语文课程标准》中对小学生的阅读能力提出的标准是：具有独立阅读的能力，学会运用多种阅读方法；有较为丰富的积累和良好的语感，注重情感体验，发展感受和理解能力；能阅读日常的书报杂志，能初步鉴赏文学作品，丰富自己的精神世界；能借助工具书阅读浅易文言文。九年课外阅读总量应在400万字以上。

但阅读能力的培养不仅仅是学校教育的责任，也是家长的责任。儿童阅读能力的培养不能只通过课堂实现、完全依赖学校有限的阅读教学，同样也需要家庭的配合。因此，家长应摒弃儿童阅读能力培养靠学校的观念，抓住儿童时期这个培养阅读能力的黄金时期，为儿童阅读能力的发展创造有利条件。

第二节　重视学龄前儿童的早期阅读

一、学龄前儿童早期阅读意识的萌芽

儿童三四岁的时候早期阅读意识开始萌芽。细心观察的父母会发现儿童早期阅读兴趣的萌芽。例如这个时候的儿童会拿出一本书假装在阅读，会用讲故事的方式说话，或有规律地翻书。他们会表现出对一些标记牌号的兴趣，也能够记一些简单的标记，如麦当劳餐馆的品牌标志、停车场的标志灯。这些都表明儿童早期的阅读意识开始出现。如果家长在教育儿童的时候注意到这点，并加以正确的引导，会有利于儿童养成良好的阅读习惯。

二、学龄前儿童应注重阅读意识的培养

重视儿童早期阅读意识的培养，一定要注意和早期识字学习有所区别。重视儿童早期阅读，并不意味着教儿童学习认字、写字，家长一定要区分开"早期识字"与"早期阅读"的概念。"早期阅读"和"早期识字"是两个完全不同的概念，无论在理论、目的，还是在观念、方法等各个层面都存在根本的差别。尽管现在很多父母正在努力摆脱"填鸭式"教育，但不得不承认一些根深蒂固的教育思想与理念是挥之难去的，很多家长还是以孩子几岁认识多少个字、会背诵多少首唐诗，作为早期阅读教育的目的。如我们经常能在电视、网络、报纸等媒体上看到这样的抢眼新闻："三岁小孩能认 2000 字""识字神童五岁就能够读书看报""三岁认字过四千识字神童"等。因此，很多家长都抱着"认识字越多越好"的心态，因为他们认为认字了才能阅读，认字是更基础的，是为早期阅读做准备的。

但家长必须意识到，如果过分地强调早期识字的作用，将儿童的阅读注意力引向识字方面，会使他们一拿起书本就联系到枯燥、机械、乏味的认字经验，最终导致儿童厌烦阅读，缺乏阅读兴趣和动机。单纯的识字如果不配合大量的美好的阅读经验，阅读过程中没有引导儿童的阅读兴趣、主动思考和对故事结构的积累和掌握，仍然无法实现儿童早期阅读能力的培养目标。一味地强调"早期识字"，并非真正培养儿童的早期阅读能力，可能会培养出一个失败的阅读者。

如果家长把早期阅读看作一种亲子游戏，一种获取知识、陶冶情操的工具，那么阅读就成了父母和儿童要共同完成的活动。在美妞阅读的过程中，作为家长我们从来没有孤立地安排美妞学习认字的活动，认字活动都是在阅读中进行的。美妞正式认字应该是从她上幼儿园大班开始的，幼儿园给每个孩子发了一本认字的书，主要是一些儿歌，孩子们在跟随老师朗读的过程中也就开始慢慢认识一些汉字了。到美妞5岁多的时候，我估计她已经认识几百个汉字了。记得她这一年开始慢慢摆脱对我们的依赖，把家里的《幼儿画报》等小时候她看过的书（这些画报的内容她都非常熟悉）翻出来自己阅读。她其实也不一定完全认识这些字，但凭借自己熟悉这些故事内容连蒙带猜地阅读，或者凭感觉自由地阅读。但她阅读的时候是那么认真、那么开心，我感觉到她有一种成就感。

三、如何让识字变得更有趣

对于学龄前儿童来说，如果孩子愿意，在不增加负担的情况下认一些字也无妨，但一定不要为了认字而认字，最好是在阅读中学会认字。认字的过程一定要充满乐趣，让孩子喜欢这个过程。在美妞的认字过程中，我们也不是没有一点儿作为。这些作为主要体现在，在生活中有时看到一些广告、招牌等，笔者会有意识地告诉她上面的字是什么。美妞就是这样认识了"邮政局""商场""小学"等字。因为中国的汉字有一些是象形文字，非常有利于孩子学习。正是在这种潜移默化的过程中，美妞认识了生活中的一些汉字。

家长在教孩子认字的过程中可以把汉字和相关的汉字文化联系起来，如结合一些汉字的来源、典故，结合汉字的构词规律来学习，这样孩子在学习的时候就不会感到枯燥。中国汉字主要有象形、会意、指事和形声四种造字法。笔者在教美妞认字的时候，如果是象形字，会给她顺便讲一讲，她会非常感兴趣。学的多了，她还会自己去想、去认。记得有一天她经过一家烧烤店时，看到招牌上的"串"字，大声地喊："妈妈，这是'串'字！"我问她为什么这是"串"字，她就说："这就是一个烤串的'串'，你看，这是两块羊肉，中间是一根棍子啊。"

有时候孩子会主动问家长"这是什么字"，家长在教孩子认字的时候，可以借助各种方式让孩子觉得认字非常有意思。比如美妞在学习"龟"字时，就把鱼找出来，让她比较，告诉她乌龟和鱼是亲戚，只是尾巴不同。这样孩子不仅不觉得认字是负担，还会很喜欢认字。并且这样认多了，她也学会了通过这些方法来帮助自己认字。下面一则育儿手记记录了美妞是怎么认识"勺"字的。

2008 年 9 月 18 日(美妞 5 岁 3 个月) "勺"字的认识与理解

今天美妞看到"勺"字，问我是什么字，我告诉她这是勺(sháo)。然后我让她好好观察一下这个字。我接着问她："这个字是不是很像一把勺子啊？"美妞回答说确实很像。然后我继续问她哪里像呢？她说："那一撇是勺子的头，那横折钩是勺子把。"我正在想那一点是什么，它与勺子的勺有什么关系。然后就听见美妞接着说："那一点是勺子上的食物，好吃的东西啊！"

美妞在了解了这些有趣的认字方法后，会运用这些方法帮助自己认识汉字。她上一年级时，学习认字是学习的主要任务。有时候，碰到一些形近字不容易区别，我们鼓励她自己想办法。记得美妞分不清"爷"与"爸"两个字，我们让她观察两个字的区别在哪里，她找到区别后，我们问她是如何区分的，她说："因为爷爷年纪大，走路需要拐杖，所以爷字下边有一个像拐杖的长竖条。"从那以后，她就没有混淆过这两个字了。

四、阅读绘本是学龄前儿童早期阅读能力培养的重要途径

很多家长都知道培养儿童早期阅读的重要性，但认为应该让孩子读字书而不是读图画书，于是就给孩子买来以文字为主的书看，结果孩子不喜欢。家长必须明确儿童早期阅读的目的应以培养儿童的阅读兴趣为主，这个时候儿童还只处于阅读的准备阶段。家长可以根据孩子的年龄特点和语言发展现状，在学龄前阶段有目的、有计划地开展亲子绘本阅读活动，为培养孩子良好的阅读习惯和阅读兴趣打好基础。在这个时期，主要培养儿童对书的亲近感，对阅读的兴趣。当然，在这个过程中也会通过阅读认识一些字，但必须是以兴趣为核心的，因为这么小的孩子不会对文字产生浓厚的兴趣。阅读是一生的事，这个时期主要就是培养兴趣和习惯。

绘本又被称为图画书，通常画面占更重要的位置，文字起补充作用。虽然一般来说绘本以讲故事为主，但是并不强制要有故事性，也有一些绘本更倾向于表现情绪、气氛、哲理。绘本在形式上没有严格要求，阅读起

来也是比较轻松的。对学龄前儿童来说，阅读应该以绘本为主。

绘本阅读不仅为培养孩子良好的阅读习惯打下良好的基础，同时也为培养健康阳光的儿童打下良好的基础。因为绘本中无所不包的想象空间、凝练简洁的画面能给人带来巨大的想象空间。一个看似简单的故事、极少的文字，却能带给人一种温润的感动，一种意味深长的启示。两三岁的孩子，可以看一些纯图画的绘本，这样的绘本可以让孩子更专注于图画与颜色，扩大想象的空间，增加了阅读的趣味。四五岁的儿童，可以阅读一些带有简单文字的绘本。

阅读绘本是美妞阅读的开始。美妞读过很多绘本，几乎每天我都会和她一起读绘本。这个时候的孩子对绘本的需求量是非常巨大的，如果家长都去买的话，会是一笔比较大的开销。所以我们那时候给美妞在社区办了一张图书证，这个图书馆就是针对学龄期左右的孩子办的，我们几乎每个星期都会去那儿借书，一次能借 6 本。

五、重复是学龄前儿童的阅读特征

大部分学龄前儿童都喜欢重复阅读，他们会要求家长反复地为他们读所喜欢的绘本。相关研究也证明重复阅读对于学龄前儿童意义重大，认为重复阅读有利于学龄前儿童的词汇习得，有利于学龄前儿童文字意识水平的提高，能够让学龄前儿童把更多的注意力集中在文字上。入学前我们没有太刻意地教美妞认识汉字，幼儿园也没有教他们认太多汉字，主要是教他们朗读一些儿歌，但就是这种重复的阅读，让美妞认识了大部分汉字。家长应该认识到重复阅读的重要性并支持学龄前儿童的重复阅读行为。

现在回想起来，美妞最初读过的一些绘本，我印象非常深刻。我印象中的那些经典故事，美妞和我们一起共读过至少 50 次。正是这些大量的重复阅读，使她后来即使没有家长陪读，自己也能差不多地读出那些故事，或者背出那些故事。

儿童的发展不仅具有阶段性，还具有敏感期。敏感期是指生物在其发展过程中，对环境中某事物的感知极其敏锐，产生无法抗拒的冲动，而且相应器官的机能也进入急速发展的时期。敏感期的概念最早是由荷兰生物学家雨果·德弗里斯提出来的。蒙台梭利发展了德弗里斯的敏感期理论，认为儿童发展过程中也存在着敏感期。^① 敏感期是掌握某种能力的关键阶段，如果错过了这一时期，后期即使付出数倍的努力也不一定能有满意的成就。儿童阅读推广应遵循敏感期原则。在儿童阅读发展的敏感期内，向学龄前儿童推介适宜他们的图书以促进他们敏感能力的发展，是非常有必要的。

第三节　入学后儿童阅读的两个阶段

入学后儿童阅读的历程可以分成两个阶段。第一个阶段是学习如何阅读。儿童学习如何将书面文字转换成另一种形式，如能读出并理解词语，也就是我们熟悉的小学低年级语文教学的字词句学习。第二个阶段是通过阅读来学习，是将阅读当作从某些学科领域获得具体知识的手段，也就是我们熟悉的阅读理解。

一、阶段一：儿童学习如何阅读

对于一、二年级的学生来说，最重要的任务就是学会如何阅读。为了学会阅读，他们需要学习很多字词，需要学习拼音等。其实这个阶段对于儿童来说，学习任务是比较重的，也是比较关键的。如何让孩子学习独立阅读，是成人在儿童入学后需要关注的一个重要问题。

儿童入学后，语文课首先教孩子学习拼音。对于刚上一年级的儿童来说，认识的字还不多，阅读需要借助拼音来进行。由于儿童以前读绘本时比较依赖家长，让儿童借助拼音独立阅读，对儿童来说会有一些困难，一些儿童可能不太愿意独立阅读。家长应该理解儿童在这个阅读时期的心理状态。这个时期是儿童学会阅读的关键时期，尤其需要家长在这个阶段关注和提供必要的帮助。

美妞在上学后，特别是掌握了拼音后，为了让她养成独立阅读的习惯，我们采取了一些做法。首先是找到美妞喜欢看的书，这些书必须是带拼音的。美妞刚上一年级时，对于一年级的学校生活非常感兴趣。我们找到了两本关于这方面的书，一本是《一年级的小蜜瓜》，一本是《一年级的小豌豆》。在这两本有趣而可爱的儿童小说中，作者用活泼生动的语言，

---

① 霍力岩：《试论蒙台梭利的儿童观》，《比较教育研究》，2000 年第 6 期，第 51—56 页。

为我们呈现了一年级女生小豌豆和小蜜瓜的心理成长故事和生活故事。小豌豆和小蜜瓜的故事让她觉得非常有趣。小主人公那天真可爱、充满童趣的故事经常让她忍俊不禁。美妞特别喜欢这些书中的故事，觉得小蜜瓜和小豌豆的故事太好玩了，她喜欢他们，喜欢和他们交朋友。

那段时间美妞每天都要读这几本书。但为了让她自己养成独立阅读的习惯，我们没有读给她听。她为了知道那些有趣的故事，尽管不是很喜欢借助拼音来阅读，尽管不是很喜欢阅读没有很多图片的文字图书，但为了读到她喜欢的故事，都忍了。刚开始她一天只读一个故事，后来一天读两三个故事。为了让美妞看完这些没有很多图片的文字图书，她需要和我们一起付出很大的努力和决心。她每读完一个故事，我们就在书的目录上打上一个钩，表示她读完了。为了激励她把书看完，一般让美妞在书的目录上把当天看完的篇章打一个大大的钩，每一次她看完几篇文章，就打上几个钩，这样孩子会感到距离看完这本书的目标也越来越近了，产生一种自豪的感觉。她通过查看目录后边画的钩，可以明确地知道自己已经看完这本书的多少内容，以及还剩多少内容，我们把这个过程形象地称为"让目录长上小尾巴"。美妞每看完一篇文章，都会高兴地翻到目录页，打上一个大大的钩，然后说"长尾巴了"。

通过这样的激励，美妞在读完《一年级的小豌豆》后，又读了《一年级的小蜜瓜》。运用这种方法，美妞第一学期看完了好几本书。就这样不知不觉地，美妞已经习惯了独立借助拼音阅读比较长的文字书了。

美妞在学习如何阅读的过程中又往前走了一大步。因为借助拼音，儿童开始能脱离别人的帮助，根据自己的爱好广泛地阅读。美妞在这个时期阅读了大量的带拼音的图书。

家长要培养孩子的阅读兴趣，需要一些技巧。在孩子学习如何阅读的过程中，随着孩子认识的字越来越多，他们的阅读能力会一天天地提高。但在这个过程中，培养孩子阅读的兴趣非常重要，让儿童感受到阅读的乐趣、感受到阅读的不枯燥尤其重要，需要家长密切关注。儿童越早突破学会阅读这道关，对他以后的学习越有帮助。但如果这个过程进展不顺利，儿童没有学会如何阅读，那在以后的学习中多少会受到影响。

二、阶段二：通过阅读来学习

随着儿童认识的汉字的增多，他们慢慢地摆脱了对拼音的依赖。研究表明，每个儿童会有自己不同的节奏，他们在三年级或者稍晚一些的时候，或大致在中年级阶段，阅读能力将进入一个新的阶段——通过阅读来学习。也就是说，儿童已经认识了很多汉字，大致学会了如何阅读。这个时候阅读就变成了一种学习的工具，儿童通过阅读来获取各种知识和信息。

儿童进入小学中年级后，开始从课本、课外读物中获取大量的知识。这是他们学习能力大爆发的一个时期。在现实中我们可以看到学会了阅读的孩子这个时候开始在班级的学习中表现得越来越突出。而那些还没有很好地掌握阅读的孩子，或者阅读能力不是很突出的孩子，成绩开始会出现一些落后的现象。这种情况如果在后期没有得到改善的话，在小学高年级或者中学阶段，会导致学生成绩差异加大。在小学中年级开始出现的两极分化现象，或者人们常提的"三年级现象""四年级低谷"等问题，在一定程度上，都与儿童阅读能力有一定的关系。

在这一阶段中，随着儿童年龄的增长，他们将学会从多视角来阅读书籍，能够开始批判性地分析、理解所读的内容，并且通过分析和评价他们所读的内容来建构自己的知识和观点。他们也开始会为了自己的目标，而更有目的地阅读。他们也学会采用一些特有的阅读策略来帮助自己更有效地进行阅读。在这个阶段，阅读就是他们成长的阶梯。

美妞就是进入小学中高年级以后，阅读了大量的图书。她特别喜欢阅读凡尔纳的小说，下面这个故事记录了她读凡尔纳小说的收获。

美妞在四年级暑假的时候，在笔者的推荐下开始阅读凡尔纳的科幻小说。美妞在读完《神秘岛》后，先后又读了《格兰特船长的儿女》《机器岛》《海底两万里》等，她非常喜欢这些作品。有一天发生的一件事，让笔者觉得美妞在阅读凡尔纳的作品中收获的东西远超笔者想象，可见这些名著给孩子的影响是巨大的。

事情是这样的，一天，笔者无意中看到高中的地理题目，觉得很有意思，于是和美妞一起做这道题，美妞竟然做对了。让笔者感到很吃惊的是，美妞做题的根据竟然跟凡尔纳小说中描述的故事有关。这件事让笔者坚信，每一本好书都是一座富矿，孩子会从书中吸收各种各样的营养。下面是这道地理题和做题时笔者与孩子的对话。

读下图，回答问题，图中各点最可能表示世界（　　）。

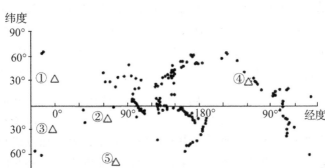

A.　主要能源矿产产地

B.　百万人口以上的城市

C.　自然和文化遗产地

D.　近 10 年 7 级以上地震震中

答案：D（解析：据图中该地理事物的经纬度分布可以看出，该类地理事物主要分布在环太平洋沿岸和地中海—喜马拉雅地震带沿线，所以图中各点最可能表示的是世界近 10 年来 7 级以上的地震震中。）

妈妈："你来看看这道题，你怎么做？"

美妞："我觉得应该选 D。"

妈妈："让我们来看看正确答案，嗯，正确答案是 D。美妞，我很好奇，你为什么选 D？我觉得其他选项也可以啊。"

美妞："因为从地图上看，这里是赤道附近东经 90 度左右，这个地方应该在太平洋附近，这个附近应该没有城市等地方。因为我在看凡尔纳的《机器岛》的时候，经常看到这个地方有地震、火山爆发等发生，所以我选 D。我主要是受《机器岛》的启发，书里说了这个问题。太平洋地域经常会发生地震啊。"

妈妈："美妞，你可太厉害了！你连地理都没有学，竟然可以做高考的地理题目，我真的很佩服你。我都做错了，我选的是 A。这么说，看这些小说，对你还是很有帮助啊！"

美妞："那当然，凡尔纳的科幻小说可不是一般的小说，从里面能学到很多知识。"

当然，在大量的阅读中，美妞具备了一些地理知识基础，但她并没有系统地学习过地理知识。她做对这道具有高中水平的地理题，不能不说具有一些偶然性。如她在做这道题时，仅仅凭借着《机器岛》这部小说中提到的环太平洋板块经常发生地震这样一条单一的线索，就选对了答案。可她并不是很清楚矿产地分布等方面的地理知识，所以做对只是巧合。

在美妞读完凡尔纳的几部科幻小说以后，后来又有几件事情证明她从这些书中收获了很多，有些甚至是我们没有想到的。一天，我们一起讨论关于压力的问题，然后说到了海洋中的压力。压力对一个 10 岁的孩子来说是一个非常抽象的概念，而深海中的压力对其来说就更加难以理解了。没有想到的是，美妞非常清楚，说深海中的压力非常大。于是我问她为什么对深海中的压力也有所了解。美妞告诉我说："因为《海底两万里》这本书就介绍了，在深海中的物体，一平方厘米的面积，大概就是一个指甲盖大小的面积就要承受 1 吨的压力。所以我知道海洋中的压力是很大的。"由此可见正是通过阅读，这些深奥、艰涩的理论知识被生动的故事语言展现出来，让孩子记忆深刻。这样的例子还有很多。通过阅读各类书籍，美妞获得了丰富的物理、化学、地理和历史等方面的知识。

第四节　儿童在阅读中运用的策略

儿童在阅读时，不是完全被动接受的过程，他们会有自己的思考和理解，有自己认同的地方或是产生怀疑的地方。对于一个文本，儿童会有喜欢或者不喜欢的感受，会客观地判断文本的内容是否真实。当文本的内容与已有的认知发生冲突时，儿童也会有不同的表现，或是同化，即接受文本的观点，或是拒绝，即坚持自己的观点。无论如何，在这个过程中，儿童是一个独立的与文本对话的个体，他们会运用一些阅读策略帮助自己理解文本，帮助自己解决所遇到的问题。这些阅读策略可能是老师和家长教给儿童的，也可能是儿童自己在阅读过程中不断摸索习得的。不论儿童是怎样获得的，阅读策略的使用都会帮助儿童更好地阅读。不同的儿童在面对文本时会采用不同的阅读策略，儿童在阅读不同文体的文本时也会采用不同的阅读策略。

儿童在阅读过程中主要有认知策略和元认知策略两种，其中认知策略包括复述与记忆策略、思考与评价策略、鉴赏与运用策略，元认知策略包括计划策略、监控策略、调节策略。

一、认知策略

(一)复述与记忆策略

1. 复述策略

复述策略是学习策略的一种。复述策略是在工作记忆中为了保持信息，运用了内部语言在大脑中重现学习材料或刺激，以便将注意力维持在学习材料上的学习策略。复述策略主要是通过重复来提高学生对学习任务的熟悉程度和记忆效果。[①] 复述分为两种形式：维持性复述和精致性复述。前者也称"简单复述"或"机械复述"，指对短时记忆中的信息只进行重复性的、简单的心理操作，使记忆痕迹得到加强，但不一定能进入长时记忆。精致性复述是指通过复述使短时记忆中的信息得到进一步加工和组织，使之与预存信息建立联系，从而有助于短时记忆向长时记忆转移。[②]

维持性复述策略是将需要记忆的信息一遍一遍地、原封不动地重复复述的策略。摘抄是维持性复述策略的一种。很多老师都会让学生在阅读过程中进行摘抄，摘抄一些好词好句，或者是描写得特别生动的段落。虽然摘抄确实是复述策略的一种方式，对儿童进一步了解和理解文章有一定的作用，摘抄到本子上的东西会更加令人印象深刻，可是摘抄确实会花很多的时间，尤其是字数特别多、段落特别长的内容。长时间的抄写也会使儿童觉得枯燥乏味，并且边摘抄边阅读会打断儿童整体的阅读，阅读会变得碎片化。

精致性复述一般指的是在读者的脑中将文本中的新信息进行处理和加工。读者只有自己主动地将储存在记忆中的旧知识提取出来，把获得的新知识与自己原有的知识经验联系在一起，才可以建立联系。

下面是有一次笔者和16岁的美妞谈到关于读书笔记的内容的对话。

我："你会写一些读书笔记吗?"

美妞："会写。一般我如果是读一些比较严肃的书，比如有点偏学术性的书，就像读《全球通史》这种书，或读《孟子》的时候，会忍不住写一些东西。如果我觉得他(作者)说的一定不对，就会在旁边写一些和他观点完全相反的东西，不停地在那儿，像和他吵架一样。"(兴致很高)

我："你读书的时候如果觉得有些东西和你想的不一样，你会去想哪

---

① 朱文彬、赵淑文:《高等教育心理学》，北京:首都师范大学出版社，2007年。

② 黄希庭:《简明心理学辞典》，合肥:安徽人民出版社，2004年。

里不一样吗?"

美妞:"会的。"

我:"你小时候读《灰姑娘》,发现了一个问题,就是 12 点的时候,所有的东西都变成了原来的样子,而水晶鞋没有变成原来的样子。你觉得你当时读《灰姑娘》和现在读《孟子》、和孟子'吵架',有什么不同呢?"

美妞:"我觉得小时候读《灰姑娘》可能是出于好奇,而现在读《孟子》则更多的是有自己的思考。我会有意识地去思考。我有的时候也会觉得书里的东西写得好对,然后就在旁边吹'彩虹屁'。哈哈哈!"(超开心)

美妞在阅读《孟子》的时候,会主动地写一些读书笔记,用她自己的话来说,就是"会忍不住地写一些东西"。读书笔记是一种常见的阅读方法,老师也会鼓励和引导学生边阅读边做批注,把自己对于文章的理解写下来,可以写在书上,也可以写在专门的本子上。对美妞来说,读书笔记是一种表达自己想法和观点的手段。"忍不住地写一些东西"说明美妞有强烈的表达意愿,希望通过读书笔记来阐述自己的想法。"在旁边写一些和他观点完全相反的东西","像和他吵架一样",可以看出美妞阅读《孟子》时,对书中的观点不认同,有自己独特的见解,于是读书笔记成为她和古代圣贤对话交流的方式。"我有的时候也会觉得书里的东西写得好对,然后就在旁边吹'彩虹屁'",这时候的美妞和《孟子》里阐述的内容产生了强烈的共鸣,所以就会吹"彩虹屁",实际上也是对文本内容认同的结果。读圣贤书,就是与古代圣贤交朋友,和他们进行沟通、交流。向古代圣贤学习是寻求人生道理的重要途径,因为他们是经过时代的淘洗和检验的,我们要和圣贤交流,只能通过他们的书来学习。不管是和孟子"吵架",还是吹"彩虹屁",都是美妞将自己已有的知识与《孟子》中的内容建立起联系的结果,是精致性的复述策略。写读书笔记有助于美妞更好地理解这本书的观点,并且使其进入长时记忆,更长久地保存;在需要从长时记忆中提取相关观点的时候,她也会更加容易地对信息进行检索。

随着年龄增长,儿童会越来越熟练地使用复述策略,尤其是精致性复述策略。如美妞在初一时写读书笔记,和古人对话就是使用精致性复述策略。复述策略随着儿童年龄的增长也会更加高级,复述策略的效果同时也会随着策略的高级而越来越好。有些儿童在小学低年级时,可能已经明白要怎么去进行复述,却不知道什么时候使用复述策略对自己的帮助最大,这是因为缺乏元记忆技能。这时候,简单的阅读作业可以帮助他们获得适应其发展水平的元记忆技能，包括什么时候进行复述和具体复述多少。

2. 记忆策略

复述策略的使用有一部分目的是进行记忆，记忆是在头脑中积累和保存个体经验的心理过程。它联系着我们过去和现在的心理活动，在我们的学习、生活、工作中应用非常广，是一项基本的技能。记忆策略一般是以阅读者自觉意识进行记忆，从而达到加强记忆的有效的策略，主要是通过抄写、列提纲、做示意图、做思维导图等方式来达到记忆的目的。学习策略则是学习者自己主动使用的，目的是提高学习效率和信息加工效率的策略，因而，在某种意义上，记忆策略是学习策略的延伸和具体化。记忆的目的就是在脑中建立有关的图式。图式的构建从呈现到完善是个循环往复的过程，新的图式在学习之后变成已有的图式，在学习新的图式的过程中，再唤醒之前学的"新"图式，在新旧之间不断转换，达到构建图式的目的。①

记忆的过程是一个由量变到质变的不断巩固的过程。先是瞬时记忆，接着到短时记忆，再到长时记忆，这是一个转化的过程。由感知新知到理解新知，再到衍生新知，也是一个转化的过程。量变到质变，质变之后，新知识就可以长期地、较为牢固地保存在记忆中。这是记忆的"转化率"。学习者想要将所学习的内容保存到长时记忆中，那么需要学习者进行由量变到质变的转化过程。美妞从小就是个很爱看书的孩子，笔者也会在阅读方面给予美妞很多引导和帮助，上小学之前的美妞就已经读了大量的文学历史作品，这为美妞后面学习国学经典奠定了很好的基础。

美妞上小学前其实并没有系统地学习过国学经典，只是跟着幼儿园的老师们学过一些唐诗，我有时候也会教她一些。没有在学前阶段让美妞系统学习国学经典的一个主要原因是基于我对美妞的了解。美妞并不是一个喜欢跟着一句一句念的孩子，她对什么都喜欢问个究竟并探听清楚，所以我们觉得背国学经典对她来说有点儿早。其实，我深谙幼学如漆的道理，从内心里很想让美妞系统地背经典。我在寻找合适的时机，她上学前的一个暑假，大她一岁的表姐来我们家玩，表姐每天都要背《三字经》，美妞每天听着姐姐背，不知不觉我们发现美妞也会背一些了，于是我意识到是美妞开始学习国学经典的时候了。美妞上学后，学校也要求他们背诵经典，

---

①　张向葵、关文信、孙树勇：《图式理论在语文阅读理解中的应用》，《心理发展与教育》，1997年第4期，第58—61页。

于是美妞从上小学一年级开始正式系统地背诵经典，坚持到现在，从没有放弃。美妞一年级时背的是《三字经》《弟子规》等一些具有启蒙性质的经典，然后开始背诵古诗等；二年级时开始背《论语》，背了将近一年才背完；三年级时背了《增广贤文》和一些古代散文名篇，如《桃花源记》《木兰诗》等几十篇；四年级时背了《笠翁对韵》《大学》《中庸》等；五年级时开始背《道德经》。

美妞背经典的时间并不多，一般都是利用早上的时间。每天早上美妞醒来就开始听今天所要背诵的内容，同时穿衣、洗脸、刷牙，等这些都弄好，她也差不多听了十分钟。然后她坐下来读一读，也就读三四遍，差不多就能背了。如果美妞有问题，或者我有时间，我们还会就其中的一些内容进行交流讨论。最后她把当天内容背一遍，背完了就吃早餐。所以，美妞背经典没有额外增加时间，就是这样集腋成裘，几年下来还是有了不错的收获。

（摘自《和孩子一起读书的幸福》，欧群慧、赵子欧著，有删改）

美妞在学习国学经典的过程中，采取的方法是早起时听背诵的内容，这时国学经典的内容先是进入美妞的瞬时记忆，让她对其中的内容有一个初步的印象；接着她会坐下来读三四遍，此时所学的知识由瞬时记忆达到短时记忆；最后当她会背诵时，背诵的内容就由她的短时记忆进入了长时记忆。美妞的背诵方法运用的是阅读积累策略。阅读积累策略依据的是图式的建构理论。新图式的建构是一个循环往复的过程，需要在不断地与之前的旧图式建立联系中来建构起新的图式。阅读者可以通过大量阅读相关内容，不断在阅读过程中接触这一方面的知识。这样反复多次接触后，阅读者不但会体验到阅读内容所带来的充实感和兴趣感，并且大脑中的记忆在接受相同刺激的反复激发的过程中，由量变转化为质变，从而使得记忆长期地牢固地保存。由最初听书，到后来可以背诵国学经典内容，美妞在不断地接受相同的内容的刺激之后，由量变转化为质变。在早餐时间和父母交流书中的内容，美妞对国学经典的认识得以巩固加深。长期在这种交流和讨论的氛围中，美妞的文学素养和思维能力得到了潜移默化而又深远持久的提高。

在一年级之前，美妞没有系统地学习国学经典，是入学前笔者发现她可以和表姐一样背诵《三字经》，于是引导她开始正式、系统地学习国学经典。我们知道，儿童技能的发展有关键期，如果错过儿童的某种能力发展的关键期，那么儿童很难再去发展这种技能或者需要付出很多的努力才能学习这种技能。一年级正是儿童记忆能力发展的关键期，很多在这个时候记忆的知识是终生难忘的，此时进行国学经典的背诵会潜移默化地影响美妞对于很多事情的看法。学习古代经典，可以使美妞了解传统文化的内涵，明白更多的道理，对其以后一生的发展都有重要的作用。

(二)思考与评价策略

1. 思考策略

思考策略是对于文本有自己的思考和想法，不是完全地接受作者所表达的观点和内容，会联系自己的生活经验和世界知识考虑作者所说是否正确，和自己的想法有什么不同，为什么会这样，等等。思考策略具体来说主要是对文章内容的思考，对文中的主人公的命运的思考，根据故事情节的发展预测接下来的故事会如何发展，将自己想象成书中的人物，总之就是有自己独特的思考和想法。作为阅读者，不管是在学习还是在阅读的过程中都要不断地思考，要有自己的想法，只有自己思考才能提出问题，只有提出问题，才会有之后解决问题达到融会贯通的效果，才能将知识真正地内化为自己的智力，因而独立思考的能力和方法、学会思考策略对于阅读者来说是十分重要的。下面我们通过美妞读书的故事看看她是如何运用思考策略的。

美妞在背诵唐诗的时候，很好奇为什么李白被称为诗仙，杜甫被称为诗圣，到底是诗仙更厉害还是诗圣更厉害？于是我们就让她把李白和杜甫的诗放在一起读，然后去思考、去感受。慢慢地，她开始感受中唐时期的李白和杜甫诗歌风格的差异，也明白为什么李白是诗仙、杜甫是诗圣，而不是去比较谁更厉害了。

美妞在读完凡尔纳的《神秘岛》后，会把这本书与以前看过的《鲁滨孙漂流记》进行比较。因为这两本书讲的都是岛上的故事。记得美妞当时在与笔者的讨论中表达这两本书的不同点：其一，《鲁滨孙漂流记》中作者只是描写一个人，而在《神秘岛》中，作者描写的是一群人物。《鲁滨孙漂流记》这本书是以第一人称的角度写的，让人有一种说不出的亲切感。《神秘岛》则不是以第一人称视角写的。其二，小说的创作背景不一样，《神秘岛》的故事背景是美国南北战争时期，《鲁滨孙漂流记》是根据一个真实的冒险故事而创作的。

正是在阅读过程中运用了思考策略，美妞对所阅读的内容也就有了更深刻和全面的认识。

2. 评价策略

读者在阅读文本时，总会对文本的内容有着自己的看法和自己的观点，有时候觉得文章很有意思，有时候觉得文章真没意思；有时候觉得文中的词句特别优美，有时候又觉得文中的词句艰涩难懂……这都是读者对于文本的评价。每个读者在阅读之后都会有不同的思考、不同的感受，正是由于这种不同的思考和感受以及每个读者不同的知识体系，每个读者对文本产生了不同的评价。当然，这种评价具有主观性、多样性。随着读者对文本内容的不断思考，结合已有的知识系统，很多读者都会主动地运用评价策略，对文本形成自己的评价。读者对文本内容进行评价的过程，也是读者进行思考，将新知识与原有认知整合、梳理的过程。通过对文本的评价，读者会更加清晰地了解自己的阅读过程，既锻炼了自己的思维能力，也培养了自己的思考习惯。评价策略与思考策略具有紧密的关系，在儿童的阅读过程中，思考策略的使用经常伴随着评价策略的使用，只有先对文本进行思考，才可能对文本做出较为合理的评价。并且笔者认为评价是没有错误或者正确之分的，每个读者都应当有权利说出自己内心真实的想法。这也是尊重儿童、言论自由的体现。评价策略可以评价文本的角度有很多，其中包括对文本内容的评价、对文中词句的评价、对文中人物的评价等，都是评价策略的体现。

美妞四年级时开始读凡尔纳的《神秘岛》，读完之后，接着又读了《格兰特船长的儿女》《海底两万里》《机器岛》。美妞非常喜欢凡尔纳的小说，抓紧一切时间，包括吃饭的时间、下午回家吃水果的时间、晚上洗漱的时间、晚上锻炼身体的时间、坐车外出的时间，终于把这些小说读完了。在美妞读完这些小说后，笔者和她曾经进行了一场对话。下面来看一看这个有趣的事情是什么。

妈妈："凡尔纳的小说中，你好像最喜欢《机器岛》。"

美妞："这一部最有趣。"

妈妈："为什么这一部最有趣？"

美妞："这一部中，凡尔纳的想象力太令人惊奇了。这一部是最富有想象力的。"

妈妈："你觉得这一部对培养你的想象力有帮助吗？"

美妞："当然啦，不过我的想象力是远远不能和凡尔纳比的。"

妈妈："你喜欢它的理由还有什么？"

美妞："《机器岛》中的主人公太有意思了，他们性格非常鲜明，之间的对话非常有意思。我很喜欢听他们的对话。"

妈妈："不过我觉得《机器岛》中的人物性格与《神秘岛》《格兰特船长的儿女们》中的人物性格有很多相同的地方。"

美妞："是的，在这些作品中都会有一个粗心的人，也都会有一个知识面特别广的人，还都会有一个非常风趣的人。好像这几部小说都类似。"

妈妈："那你觉得这几部小说有什么不同？"

美妞："《格兰特船长的儿女们》这本书介绍了很多土著人的文化，有点儿偏人文地理方面。"[①]

当笔者问美妞为什么喜欢《机器岛》这本书的时候，美妞的评价是"有趣"，"这一部中，凡尔纳的想象力太令人惊奇了"，"这一部是最富有想象力的"。《机器岛》主要写了标准岛这个人工岛上都是富豪居民，他们整天追求享乐，后来这座岛危机重重最终消失的故事。凡尔纳是一个想象力十分丰富的作家，他的作品很多都是科幻类的，他对科学的态度是严肃认真的，同时也是一个优秀的作家，因而他的作品总是在科学畅想的框架里编织复杂、曲折而又有趣的故事，情节惊险，充满奇特的偶合。《机器岛》这本书的情节很离奇，这也就是美妞觉得这本书"有趣"的原因。读小学时的美妞有着丰富的想象力，对未知世界充满了好奇心，阅读这样的故事情节离奇而又充满美好想象的作品，就会有较强的代入感，会沉浸在美好的故事中，从而收获快乐和满足感。

（三）鉴赏与运用策略

1. 鉴赏策略

儿童对文学作品进行赏析的过程，也是儿童运用联想和想象在自己脑海中进行建构、理解作者表达的感情的过程。这个过程一方面可以使儿童提高抽象思维能力，另一方面可以使儿童获得更多愉快享受，同时也可以激发儿童的学习兴趣。鉴赏策略简单来说主要是读者具有发现美、感知美、鉴赏美的策略。具体来说，分为两种鉴赏，一是对文本的美学价值进行鉴赏，比如对文本的语言、写作技巧等进行鉴赏；二是对文本中所传达的感情的鉴赏，比如在阅读时与作者产生共鸣，被书中的情感所触动和感染，会将书中描述的场景在脑海中呈现等。审美鉴赏与创造是语文核心素

---

① 欧群慧、赵子欧：《和孩子一起读书的幸福》，北京：清华大学出版社，2014年。

养中的高级素养，被认为是指"学生在语文活动中体验、欣赏、评价、表现和创造美的能力及品质"。在语文的学习过程中，学生通过对优秀作品的鉴赏来品味语言艺术中蕴含的魅力，体验语言所表达的丰富情感，感受语言所展示出的思想魅力，从而激发学生的审美想象，让学生从中领悟人生哲理，并逐渐学会和运用口头和书面语言来表达和创造美，形成学生自身的审美能力和意识，最终养成高雅的审美品位和情趣。[①]

因为简·爱而哭泣

这几天晚上，美妞都在听我下载的"床头灯"英语系列世界名著小说，这些小说一般控制在 3000 个单词左右。美妞听起来基本非常轻松，并且美妞非常喜欢听这些故事，尤其喜欢听《简·爱》这部小说。昨晚我睡得迷迷糊糊的时候，美妞突然把我摇醒，带着哭腔问我："妈妈，你帮我下载的《简·爱》故事是不是没有下载完啊？"我醒来一看，吓了一跳，问怎么了，美妞哽咽地说道："简·爱太惨了，罗斯特先生有一个老婆，简·爱生气了，他们没有幸福地生活在一起。这个结局与你以前告诉我的不一样啊，是不是这个不是结局啊，你是不是没有下完啊？"我说："不会啊。"美妞说："那为什么不是幸福的结局啊？我听的最后一集就是这样。"我说："那有可能没有下载完。"美妞说："那你明天一定把那缺少的几集补充完整。"第二天我一看，还真是有好几集没有下载到美妞的 MP3 中去，于是我赶紧补充好给美妞。[②]

美妞在读《简·爱》时，因为罗斯特和简·爱没有幸福地生活在一起，而难以入眠。美妞已经沉浸在书中的世界，仿佛自己就是罗斯特和简·爱身边的人，关心着两个人的命运和未来。她是那么希望男女主人公能幸福地生活在一起，由于故事没有全部下载完，真正的结局没有出来，她担心得都快哭了。美妞体验了书中人物的悲欢离合，这便是儿童运用鉴赏策略的体现，也是儿童阅读时情感的体验。很多文学作品会通过人物塑造体现出一种较为崇高的人格的美好，这种人格的美好，可以带给读者潜移默化的影响，甚至可以带给读者一种心灵上的震撼，会激发读者心底的良知与道德。想要培养儿童良好的情感品质，就要在阅读时引导儿童体验人物的情感，潜移默化地学习人物的品格，探知世事的道理。

---

① 张帆：《基于高中语文核心素养的审美鉴赏与创造能力培养研究》，陕西理工大学 2018 年硕士学位论文。

② 欧群慧、赵子欧：《和孩子一起读书的幸福》，北京：清华大学出版社，2014 年。

2. 运用策略

《义务教育语文课程标准(2011 年版)》多处强调了语言文字及其运用的基础地位，因为语言文字运用是其他学科的基础，也是语文素养的基础。从中可以看出，语文课程的终极目标是语言文字的"运用"。语言文字的"运用"不仅是语文的课程目标，它还关乎人与人之间的交流以及社会的正常运行。可以说，我们的生活处处离不开语言的运用。[①] 语言运用能力，又可以称为语用能力。从语用学层面来说，主要指的是语言文字在具体的语境中的运用，因为语言在不同的语境中是有各自的差异的，是随着语境的变化而变化的。学习语言是途径，运用语言是目的。语言学习是最基本的，而语言运用则更注重学生的能力培养。运用策略主要指读者在平时的阅读过程中，积累一些好词佳句或者是一些写作的方法，再将其运用到自己的写作中，写一些自己的体验、感受等。下面我们一起来看一下儿童使用运用策略的例子。

美妞上了小学后开始系统地背诵《三字经》《论语》《大学》《中庸》等国学经典，通过对经典作品的阅读和背诵，美妞对古文的阅读和理解水平也比较高，如她能听懂、看懂一般的文言文。在笔者的育儿手记中记录了这样一个故事。

美妞通过阅读和背诵文言文，不仅提高了文言文阅读能力，也在一定程度上促进了文言文写作能力。2011 年的时候，我们问她周末想去哪儿玩，她竟跟我们说起了古文，她说："吾欲往奥林匹克森林公园。"两年之后，也就是在 2013 年的春天，有一天美妞在写日记的时候突然说："今天的日记，我想用文言文来写。"

"明日，吾与两人往大望京公园踏青。现已天碧蓝而高之，湖清而绿之，花红而艳之，草翠而绿之。阳暖乎，水化之，天高乎，风柔乎。春已来乎哉。"

在这一篇日记中，美妞运用文言文描写了春天来临时的景象。

美妞在写出第一篇文言文日记半个月后，再一次写了一篇文言文日记。这篇日记记叙了她和同学们在愚人节这一天去"骗人"的趣事。

今是愚人之日也已。余与其友爱之。人需愚其人也，余有一队人马也，只十一二人也，皆女无男。余骗数人也，二位先生在内，已有十五六

---

① 甘媛：《中学语文阅读教学中学生语言运用能力的培养研究》，湖北大学 2016 年硕士学位论文。

人也已。

美妞写文言文日记，给我们的触动很大。我们从来没有要求她写文言文，但是长期在文言文的熏陶下，她不知不觉地提高了文言文的表达能力。[①] 这与美妞多年以来的国学经典的积累是分不开的，古文的句式结构已经潜移默化地进入了她的长时记忆中，成为她表达的常用工具。这就是运用策略。

二、元认知策略

在阅读理解的过程中，认知策略与元认知策略共同起着作用。阅读者首先要有使用认知策略的意愿和方法，才能顺利地进行计划、监控和调节。认知策略可以促进读者将新知识与原有知识经验结合在一起，存储在读者的长时记忆中，提高处理信息的速度和能力，帮助读者更好地加工新信息。元认知监控着整个阅读的过程，可以帮助读者了解自己学习新知识的状态、程度以及决定读者应该如何进行学习。所以，认知策略和元认知策略都是读者不可缺少的阅读策略，阅读者在掌握认知策略的同时，必要的元认知技能可以帮助他们决定在某种情况下使用哪种策略，或改变策略使自己成为高效的学习者。[②] 元认知策略具体可分为三种策略：计划策略、监控策略和调节策略。

(一)计划策略

一部分读者在阅读时较为随意，想读多少就读多少，想什么时候读就什么时候读，没有自己的规划和想法。而有一些读者则不同，他们在阅读方面有着自己较为明确的目标和较为清晰的计划，并且在阅读过程中会为了达到目标而采用适当的阅读方法，努力去创造有助于达成目标的条件。计划策略是指阅读者根据阅读的目标和任务，在阅读之前制订阅读的计划，预测阅读的结果，选择合适的阅读策略帮助自己进行阅读的一种元认知策略。它有助于读者完成自己制订的阅读计划。计划策略的使用，是读者对于文本重视的表现，说明读者不是在随意地阅读，可以让读者在阅读之前对于文本有一定的规划和安排，这样有助于更好地理解文本的内容，也使读者心中有数，阅读有法。

---

① 欧群慧、赵子欧：《和孩子一起读书的幸福》，北京：清华大学出版社，2014年。
② 曾路：《文本难度与认知及元认知策略运用实证研究》，《西南民族大学学报（人文社科版）》，2009年第7期，第263—266页。

（二）监控策略

在阅读过程中，读者对于自己的阅读是有一定的意识的。我们阅读一篇文章，有的可以读懂，有的一头雾水，有的觉得很有趣，有的觉得没有意思，这都是我们阅读的感受，而这些感受就是元认知在阅读中所起的监控和评价的作用。当我们觉得读不懂、很难理解时，可能会自己进行调整，通过运用各种阅读的方法来理解文本，这就是元认知在对阅读进行调节和控制。所谓阅读理解监控，是指读者在阅读理解的全过程中，将自身的阅读理解活动作为意识对象，不断地进行主动积极的监视、评价、控制和调节。[①] 其中包括阅读目的的设定、对于阅读过程的理解和监视、对于理解策略的选择、对于阅读效果的检验和对理解失败的矫正补救措施等。监控策略是指在阅读活动进行过程中，根据特定的阅读目标，对阅读进程、阅读方法、阅读效果等方面进行有意识的监控。监控策略具体包括重复阅读难以理解的部分，往后翻看寻找自己想要获得的信息，检查自己是否看懂了内容，阅读结束后问问自己有什么不懂的地方或者有什么收获，在阅读时告诉自己不能走神，等等。通过元认知的自我监控、调节，读者可以更好地了解自身阅读的情况，针对自己的阅读状况做出调整和适应。监控策略在儿童阅读过程中是经常运用的。

读者在阅读文本的时候，元认知在整个阅读理解的过程中起着监控的作用，这种监控作用可以促进读者对于知识的认识和理解，其中可能包括自己原有的知识经验、作者写作的目的、文本的内涵等。元认知还可以帮助读者理解文本的内容，将文本的内容与自己的原有的知识进行对比，如果对比的结果是一致的，那么说明读者可以理解文本的内容，如果对比的结果有不同，那么读者就会产生很多困惑和疑虑，为了解决这些困惑和疑虑，读者就会运用自己的知识和阅读策略来进行探究。读者从文本的语言表象中提取新信息，再从记忆中寻找有关的图式，当有关的图式被找到或者被具体化的时候，就产生了理解。当读者理解了文本的内容之后，就会获得新知识，新知识也就是读者的新图式，并且储存在读者的长期记忆中。同时，理解的过程受到读者的原有知识经验、阅读策略的影响。进行阅读理解活动时，阅读策略良好的运用可以促进信息的传递，有助于阅读

---

① 于鹏、徐富明、焦毓梅：《阅读理解监控研究的回顾与展望》，《天津师范大学学报（社会科学版）》，2004年第4期，第76—80页。

者的理解。①

阅读不是一个走马观花、囫囵吞枣的过程，而是一个不断督促自己进行思考，不断问自己这样是否正确、是否能讲得通的过程。如果文本与自己的知识经验发生了冲突，那么就要不断地反思、修正，在这个过程中能够锻炼读者的思维能力，对于一些事物的认知和理解就会更加全面和深刻。作为教师或者家长，要鼓励儿童暂停阅读、思考所读内容的含义，无论是在他们读得正确、意思讲得通的情况下，还是在他们犯了错、影响理解的情况下，都要如此。②

(三)调节策略

读者在阅读的时候，元认知监控着整个阅读过程，当元认知监控到很难理解和解决的问题时，就会采取一定的策略解决问题、调节阅读过程，在调节阅读过程中使用的策略就是调节策略。调节策略和监控策略密不可分，只有元认知先监控到需要读者进行调整的时候，才会产生后来的运用调节策略解决问题的状况。因而两者有着密切的关系，监控策略使用得如何，直接影响到调节策略的使用。调节策略在阅读过程中运用得非常普遍。

调节策略有很多种类型，调节策略的选择和读者的认知方式有着直接的联系，有的读者属于场独立型的认知方式，那么阅读过程中的调节会更加偏向于利用自己的力量独立解决问题；有的读者是场依存型的认知方式，那么阅读过程中的调节可能偏向于用求助他人、让他人帮忙的方式解决问题。让我们来看看不同认知方式的儿童是如何运用调节策略的。

美妞五年级时读了《别闹了，费曼先生》以后，对费曼先生非常好奇、感兴趣。但这本书只是介绍了费曼先生的一些有趣的故事，并没有详细介绍费曼先生的生平。美妞觉得意犹未尽，特别是她想知道费曼先生因为什么获得了诺贝尔奖。于是笔者告诉她费曼先生参加过美国的"曼哈顿计划"。美妞因为熟读过《数理化通俗演义》这本书，这本书中对美国的"曼哈顿计划"有非常详细的介绍。于是美妞告诉笔者："'曼哈顿计划'主要是由费米主持的。"笔者说："因为外国人名被翻译的时候可能不一致，说不定费米就是费曼呢。"美妞肯定地说："妈妈，你说的不对，费曼是美国人，

---

① 潘建忠：《从年级、元理解策略指数看小学生阅读说明性文本的理解监控策略》，《心理科学》，2005 年第 4 期，第 916—921 页。

② (美)珍妮佛·塞拉瓦洛：《美国阅读技能训练》，北京：科学技术出版社，2019 年。

而费米是意大利人，肯定不是一个人呢。"于是美妞上网查费曼的资料，然后所有的问题都被解决了。费曼就是费曼，费米就是费米，费曼是 1965 年诺贝尔物理学奖得主，提出了费曼图、费曼规则和重正化的计算方法，这些是研究量子电动力学和粒子物理学不可缺少的工具。费曼参加"曼哈顿计划"的时候还是非常年轻的学者，是他进行研究的起始阶段。美妞正是通过查阅费曼先生的资料，更加熟悉和了解了费曼先生，也知道了费曼先生在世界物理学领域中的地位和作用。① 美妞是一个较为典型的具有场独立型的认知方式的学生。美妞在读了《别闹了，费曼先生》后，对费曼先生的生平产生了浓厚的兴趣，这时候的她结合自己阅读的《数理化通俗演义》这本书来分析"曼哈顿计划"以及费曼这个人。当美妞发现"曼哈顿计划"中的主持人是费米而不是费曼先生时，否定了笔者关于费米就是费曼的猜想，而是自己行动，查阅了费曼的生平资料，获得了费曼的许多重要信息，也清楚了费曼先生和"曼哈顿计划"的关系。美妞遇到搞不明白的问题的时候，没有轻易地听从别人的话，而是利用自己的方式解决问题。

根据苏联心理学家维果茨基的观点，学生调控自己阅读认知过程的能力涉及语言符号的使用，是一种人类所独有的高级心理功能。这种心理功能起源于社会，最初体现在人与人相互作用的社会活动中，学习者在参与这类活动的过程中，逐渐将体现在人际互动中的高级心理功能内化而变成自己的能力。②在这个案例中，我们看到美妞自己通过提问、澄清、总结等方式来调节自己的阅读过程。

第五节 影响儿童阅读策略使用的因素

儿童在阅读的过程中，会使用不同的阅读策略。这些阅读策略的使用，不是一个偶然的过程，其中有很多因素会影响儿童阅读策略的使用。影响儿童阅读策略的因素分为三类：儿童本身、文本、家庭阅读环境。每个儿童都是不同的个体，有自己的知识经验、兴趣爱好等，那么面对同一个文本，就会有不同的感受和不同的思考，运用的阅读策略自然不同。不同文本的难度不一，趣味性不同，文体也有所区别，那么儿童就会针对文本的不同而运用不同的阅读策略。

① 欧群慧、赵子欧：《和孩子一起读书的幸福》，北京：清华大学出版社，2014 年。
② 王小明：《阅读与阅读教学：心理学视角》，《课程教材教法》，2008 年第 9 期，第 31—35 页。

一、儿童本身对于儿童阅读策略使用的影响

阅读是读者与文本之间的互动过程。很长一段时间以来，研究者忽视了读者这一因素，而仅关注到文本本身。直到 20 世纪七八十年代，行为主义心理学的主导地位逐渐被认知心理学所取代，心理学家开始对人的认知过程进行探究，人们才开始关注到阅读理解的主体——读者，影响读者阅读的因素除了文本因素外，还应该考虑到每个读者的特性及读者的任务、所处情境等因素。自 2001 年基础教育改革以来，儿童主体意识在阅读中越来越受到重视，儿童阅读策略的使用和其本身有着密不可分的关系。儿童本身有很多因素可以影响儿童阅读策略的使用。

(一)儿童原有的知识经验

不同的读者生活在不同的环境中，有着不同的生活经历，会收获不同的生活经验，因而他们对一些概念、一些事情在脑中的认识、看法是有差异的。在阅读过程中要想准确地理解句子意思，不仅要准确地读懂文字的意思，建立对句子的理解，还要和自身的知识经验相结合，能够对句子表达的真实性有所判断。儿童原有的知识经验不同，那么进入读者认知系统的信息就会产生不同的反应和反馈。

2014 年春季，有一天美妞和笔者一起聊天谈到了学校的学习，下面是她和笔者的对话。

美妞："妈妈，我有时觉得一节课很快就完了，有时觉得一节课就像两三个小时一样长。"

妈妈："那肯定是因为你喜欢上的课你就觉得快，不喜欢上的课你就觉得慢呗。什么课让你有如此难熬的感觉？"

美妞："语文课。"

妈妈："啊？怎么会是语文课？你不是很喜欢语文课吗？"

美妞："可这几节语文课我就是不喜欢。"

妈妈："为什么啊？"

美妞："因为这篇课文有些内容是错误的。"

妈妈："哪些内容是错误的？"

美妞："关于人类的进化等，我认为这篇课文中有很多说法是错误的，它说鸟是人类的祖先，我觉得鸟不是人类的祖先，可以说人与鸟同祖。"

妈妈："但生命的确是一步步进化而来的啊。"

美妞："猿猴是人类的祖先，说鸟是人类的祖先是不科学的。"

妈妈："我没有看过你的课文。不过书上也不一定都是正确的，不是说有一句话叫'尽信书不如无书'吗？"①

儿童原有的知识经验是多方面的，有的是间接经验，有的是直接经验。儿童原有的知识经验在儿童对文本的阅读理解方面有着很重要的作用。在阅读中，语言水平相同的读者，图式知识越丰富，理解力和记忆力就越强。图式现象充分体现了人类已有的认知结构在处理外界信息时的主动作用。② 拥有不同图式的儿童在阅读文本时会搜寻到不同的图式，这些不同的图式就会影响儿童对文本的理解。大部分儿童在自己的生活经历和自己所接受的教育中获得了很多必要的知识，这些知识为其今后阅读叙事性文本提供了很好的情境模式，也奠定了一定的基础。

(二)儿童的爱好

《义务教育语文课程标准(2011年版)》中指出："要关注其阅读兴趣与价值取向、阅读方法与习惯，也要关注其阅读面和阅读量，以及选择阅读材料的能力。"我们都知道，读书是一个很个人而且主观的事情，所以儿童的爱好在儿童的阅读过程中有着很重要的作用。如果阅读者对于所读的书一点兴趣也没有，那么他就不会带着好奇、渴望去阅读，读书就成了一件被动的事情，阅读的过程自然没有那么愉悦，阅读的效果也不能得到保证。人的差异、年龄阶段的差异、性格的差异、性别的差异都会导致读书兴趣有差异。如果对于文本有较为强烈的兴趣，那么儿童就会带着自己的好奇心去探索书中的奥秘，积极主动地去阅读，并且会想方设法地使用阅读策略来解决所遇到的问题；如果对于文本没有任何兴趣，那么儿童就不会积极主动地去阅读，即使是在家长或者老师的强烈建议之下进行阅读，阅读过程中也难免会有消极情绪，对于阅读策略的使用更会有不良的影响。

2014年的寒假，笔者带美妞外出旅游，为了让美妞在路途中有事干，笔者向美妞推荐了曹文轩的小说《草房子》，并且为了方便她阅读，还给她下载了音频材料。没有想到的是，美妞拒绝看这本书，尽管在旅行的过程中没有事情做，她也拒绝看这本书。

---

① 欧群慧、赵子欧：《和孩子一起读书的幸福》，北京：清华大学出版社，2014年。
② 斯琴、李满亮：《从图式理论的视角看阅读理解的心理过程》，《内蒙古大学学报(人文社会科学版)》，2007年第1期，第96—99页。

　　妈妈："你为什么不看《草房子》这本书啊？这可是一本非常经典的书。"

　　美妞："不好看。"

　　妈妈："你都没有看，怎么就知道不好看，你先看看，然后再做决定，是看还是不看。"

　　美妞："我听过关于《草房子》的介绍，知道大概的内容。我不感兴趣，我不喜欢。"

　　关于为什么不喜欢《草房子》，她和笔者之间曾进行了一场对话。

　　妈妈："为什么不喜欢《草房子》啊？这本书可是中国儿童文学的经典作品啊。"

　　美妞："我不喜欢，没有统一的线索，一下子写这个人，一下子写那个人，好乱。我也不喜欢书中写的那些内容。"

　　后来，笔者思考了其中的原因。《草房子》是我国著名儿童文学家曹文轩的代表作，故事从桑桑上一年级开始，一直讲到1962年他小学毕业。生在21世纪的美妞对当时的社会背景和农村的生活缺乏了解，因此也就没有理解故事的基础，不喜欢看也是有理由的。

　　后来美妞在初中时，重新读了《草房子》等那些她小学时不喜欢看的书，并且也改变了对这些书的评价，表示这些书真的是可以称得上非常好的经典书。这进一步说明儿童的阅读兴趣是随着年龄等条件的变化在不断变化的，但无论怎么变化，儿童在阅读的时候一定会倾向于遵循自己的阅读兴趣和爱好，只是在不同的年龄阶段，爱好等会不断变化。这就是阅读兴趣在阅读过程中的重要意义，它会使读者主动地采用阅读策略理解文本，会对文本的理解产生重要的影响。

（三）儿童的年龄阶段

　　小学阶段分低段、中段和高段。每个不同年龄阶段的儿童对于阅读策略了解和掌握的程度是不同的。随着儿童年龄的增长、阅读的文本的增多，以及教师和家长对于阅读策略指导的深入，儿童对阅读策略的理解会更加深刻，会更加熟练地运用阅读策略。小学低段的儿童多使用复述与记忆策略，通过各种方式重复和记忆来帮助自己理解文本的内容；小学中高段的儿童则会掌握更多的阅读策略，除了认知策略，还会掌握一些元认知策略，这些阅读策略的使用会促使儿童对于文本的理解能力大大提高。由此看来，儿童阅读策略的使用与儿童的年龄阶段有着很重要的关系。

二、文本对于儿童策略使用的影响

在儿童阅读的过程中，除了这些与读者相关的变量，文本变量也在很大程度上影响着阅读。具体来说，文本的难度、文本的易读性、文体等都会对儿童如何选择阅读策略起到重要的作用。

(一)文本的难度

好的阅读活动始于将"合适"的书在"合适"的时机提供给"合适"的读者。国外不少阅读研究者指出，学生水平与文本水平相符合，会给学生的阅读理解过程与结果带来积极的效果。在探索"合适文本"的过程中，各领域的专家学者们开始逐渐关注"文本难度"这一概念。当文本难度较大时，儿童一般会有两种表现，一种表现是会放弃阅读文本，一种表现是会主动运用阅读策略去理解文章内容。我们来分别看一看这两种不同的表现。

美妞三年级的时候，开始读笔者买的一套《隋唐演义》小人书。笔者在美妞阅读这套小人书的时候发现，她阅读一本小人书所花的时间比她平常看其他童书的时间要多很多。于是笔者就说："看这种小人书，需要花这么长的时间吗？很多人喜欢上厕所看小人书，一边上厕所，一边就看完一本小人书了，我小时候就经常这样干。"美妞则对笔者说："妈妈，这种小人书不像别的书，我需要经常停下来。有时候因为人物太多，我需要翻到前面，去重新对一下人物。有时候他们说的话，我要慢慢地看才能理解意思。"美妞这么一说，笔者才猛然一惊，发现确实不能以成人的标准要求孩子。

下面是《秦琼卖马》第一页的文字内容："山东历城县出了一位英雄，姓秦名琼字叔宝。他原是三江人氏，祖父秦旭乃南陈太宰，父亲秦彝做过总镇。隋文帝杨坚伐陈，秦彝阵亡，其妻宁氏这才带着七岁的秦琼来到山东娘家落户。"

虽然第一页只有 74 个字，然而这 74 个字中，却包含了太多的信息。我们稍加整理可以总结出以下内容：①秦琼出生在山东历城；②秦琼爸爸叫秦彝；③秦琼的爸爸的官职是总镇；④秦琼的爷爷叫秦旭；⑤秦琼的爷爷的官职是南陈太宰；⑥秦父为陈国将领，助隋伐陈时被隋将领所杀；⑦秦琼的妈妈姓宁；⑧秦琼的妈妈的家在山东；⑨秦琼在 7 岁的时候跟随妈妈来到山东姥姥家落户；⑩杨坚是隋文帝；⑪秦琼是一位英雄；⑫秦琼字叔宝；⑬秦琼原来是三江人；⑭秦琼自 7 岁开始在山东历城长大。这短短的 74 个字中，居然包含了 14 条信息，甚至更多。因为这本小人书的文字虽然说不上是纯文言文，但介于文言文与白话文之间，文字简练，但包含的信息却非常多，并且还有一些难以理解的字词，如乃、其、氏、伐、阵亡，除了一些难懂的词外，还有很多词语远离儿童的现实生活，如太宰、总镇、落户、南陈等。当然，面对这么多的信息，美妞在阅读的时候肯定不可能全部接收，但她需要接收一些基本的信息，如果不能接收基本量的信息，就会使她读不下去。尽管美妞具有较为丰富的历史知识，而且这些知识有助于她对这些文字的理解，但相对来说，还是有一定的难度。美妞在阅读的过程中需要不断地进行思考，将文中的描述与自己的知识整合梳理，才能一步步地理解文本。

当阅读难度增加时，一般阅读者会运用更多的元认知策略来帮助自己解决遇到的问题，认知策略运用相对来说较少。如果学习者阅读文章是为了获取知识，他们可能使用认知策略。如果他们阅读文章是因为他们想知道这篇文章是否完全读懂了，他们可能使用元认知策略。[①] 由于文本对于美妞来说具有一定的难度，所以美妞在阅读时运用了重复阅读这一策略，这属于调节策略中的一种。重复阅读就是由于某种原因，没有读懂或者是想要重温书中的内容，多次阅读文本，来达到进一步理解文章或是享受阅读过程的目的。在《隋唐演义》这本书的阅读过程中，美妞会"经常停下来""翻到前面，去重新对一下人物""要慢慢地看才能理解意思"都是美妞面对这样难度较高的文本采用的办法。"经常停下来"可以让自己获得更多信息处理的时间，防止在加工系统中累积太多信息。"翻到前面，去重新对一下人物"就是美妞在重复阅读，为的是梳理清楚人物关系，更好地理解文中的内容。"要慢慢地看才能理解意思"是美妞有意识地放慢阅读速度，这也是美妞为了追求阅读的质量，在运用调节策略控制自己的阅读速度。

美妞经常读书，对历史知识有一定的了解，她的知识系统中已经有一些阅读方法，可以帮助自己进行阅读。美妞也曾经接触过文言文，《隋唐演义》小人书中的文字不是纯文言文，而是介于文言文与白话文之间，所以《隋唐演义》这本书的难度对于她来说是可以接受的。

文本的难度会影响儿童阅读策略的选择，在儿童面对较难的文本的时候，他们一般会采用什么方法和策略来克服呢？（笔者在研究过程中，为

---

① 曾路：《文本难度与认知及元认知策略运用实证研究》，《西南民族大学学报（人文社科版）》，2009 年第 7 期，第 263—266 页。

了更多地收集资料，邀请了我的研究生作为研究助手，对美妞进行了深入访谈）

访谈者："你读到一些难以理解的文章，会用什么办法来克服阅读的困难？"

美妞："得看是什么书，之前看《时间简史》这种，就会丢到一边不看了。还有一种就是，比如我看的这本书，这是一本讲科学史的书，是我们物理老师留的作业，我发现它好好看啊，我看书的方式就是所有关于科学的地方我就跳过去，讲故事的地方我读。"

访谈者："就是跳读？"

美妞："嗯嗯。"

访谈者："除了跳读你还会用什么方法？"

美妞："假如有我特别想知道的东西，我就会查一些东西。"

访谈者："查百度吗？"

美妞："嗯对，小说看不懂的话我就会查一下小说的梗概，有一个心理准备，大概理一下人物关系，再往下看就比较顺。虽然有被剧透的感觉，但读的时候会轻松一些。"

访谈者："读到不太懂的地方你会不会去问别人？"

美妞："我可能不会。我一般就是会读完之后和同学讨论一些，但是没读完之前我一般不会和别人讨论。"

访谈者："你喜欢读完了和别人分享，不喜欢读的时候就被剧透对吗？"

美妞："嗯嗯。但（一般情况下）读书的时候剧透会影响我的阅读体验。"

人们在理解文本信息时，通过接受的少量信息，激活已有的图式，使读者的观念与文章的意图相结合。图式理论是把当前信息进行修正，与先前知识图式相融合，建构新的知识图式的思维过程。① 在和美妞的谈话过程中，笔者发现她会运用很多阅读策略来帮助自己理解文本。"我看书的方式就是所有关于科学的地方我就跳过去，讲故事的地方我读。"这里美妞运用了跳读的阅读策略，文本中的内容较多，很难同时激活大量的图式，由于美妞读这本书的主要目的是获得科学史方面的知识，所以就将书中讲

---

① 丁毅伟：《基于图式理论的阅读理解研究》，《黑龙江高教研究》，2009 年第 11 期，第 197—199 页。

科学知识的部分跳过，这样读书不会丧失动力，不会将科学知识部分作为自己的阅读障碍，能从书中得到自己想要得到的信息。这样是符合儿童认识水平有限的情况的阅读策略。"假如有我特别想知道的东西，我就会查一些东西。"这里美妞运用的是调节策略，通过查资料来丰富自己的知识，填补自己对于某些东西的空白。或者大概看一下书的主要内容，对于文章有一定的把握，这样阅读起来会更加轻松。通过前面美妞阅读《隋唐演义》的例子我们可以看到，美妞在运用重复阅读的策略来增加处理信息的时间，从而帮助自己更好地理解文本。

（二）文本的趣味性

儿童大多喜欢有趣的文本，文本的趣味性是一个作品被儿童接受的重要因素，也会影响儿童阅读策略的使用。对于文学作品，主要的影响因素有句子的长度、插图、标点符号这三方面。一个句子的主干部分有主语、谓语、宾语，在这些主干部分都具有的时候，定语、状语、补语的增加会补充很多关于句子的信息，或是对句子进行修饰和美化。这些成分的添加，会使短句变为长句，长句的阅读对于儿童来说，存在着一些困难和挑战。图画则非常直观形象，更接近客观事物，更接近人的第一信号系统，不用进行系统的教育、不用进行复杂的解码就能够明白和理解其中的内涵。因而，图画对于读者来说比文字更容易被接受和理解。文学作品中适当地出现插图，能提高它的趣味性，读者也会更加方便地获得作品中所要传达的信息。标点符号是书面语的有机组成部分，有助于读者理解文本。文本的构成很多时候与电影中的蒙太奇有相似的地方。作者将文字按照不同的顺序组合起来，就可以传达出各种不同的意义。① 在笔者和美妞的聊天中，谈到过《雷雨》这本书，《雷雨》是曹禺创作的一部话剧，讲述了一个带有浓厚封建色彩的资产阶级家庭的悲剧。其中塑造了专横、虚伪的家长，热血、善良的年轻人，被爱情冲昏了头脑的女人等人物，还揭露了很多关于主人公家庭身世的不可告人的秘密。所有这一切在一个雷雨夜爆发，有罪的、无辜的人一起走向毁灭。作者用非常极端的雷雨般狂飙恣肆的方式，抒发了自己心中的不满与愤怒，讽刺了伪善的资本家以及社会的一些矛盾。

访谈者："你有没有读了一遍还想再读的书？"

美妞："有的，《雷雨》算。"

---

① 冉彬：《当代文学可读性的生成》，《江汉论坛》，2006年第4期，第129—131页。

访谈者："为什么你会还想再读一遍呢？你之前读过一遍，肯定对情节什么的都知道了。"

美妞："这个我还真的没有想过，我想想啊。有的书真的是有一种看了一遍还想再看的感觉，而且那种书我一般不会从头开始看，都是挑我最喜欢的部分看。"

访谈者："比如说《雷雨》里面你会挑一些什么情节来看呢？"

美妞："我最喜欢的情节就是郑繁漪爆发的那一段，最后把周朴园叫出来的那段。现实感特别强，能触动我。"

访谈者："你第一遍看和你第二遍、第三遍看的感觉一样吗？"

美妞："不一样，第一遍看的感觉就是震撼，第二遍、第三遍看时也说不清楚，虽然知道之后会发生什么，但还是因为情节而揪心。"

访谈者："除了《雷雨》，你还重读过哪些作品？"

美妞："短篇小说我重读过一些，比如说欧·亨利的小说我经常读，《红楼梦》有些片段我也会经常读。"

访谈者："为什么会想重读《红楼梦》呢？和《雷雨》一样吗？"

美妞："不一样吧。我很喜欢《红楼梦》的第五章，每读一遍就觉得，我好像明白了点什么，虽然并没有，感受也不同。"

——选自 2019 年 7 月 5 日与美妞的访谈记录

《雷雨》这部作品的趣味性主要体现在主题和语言两方面。在主题方面，它讲述了资本家周家和城市平民鲁家两个家庭错综复杂的悲剧故事。周、鲁两家具有十分复杂的血缘关系，这就生动且明显地反映出了两个不同阶层的家庭之间的矛盾。揭露了旧中国旧家庭的种种黑暗现象以及地主资产阶级的虚伪、蛮横，同时也揭示了中国 20 世纪二三十年代正要发生的一场巨大的社会变动。在语言方面，《雷雨》中几乎没有特别拗口的台词，做到了通俗易懂，精练深刻。而且，台词里充满了精妙的停顿和省略，让观众随着剧情的发展完全进入台词所创设的情境中。正是情节曲折、易读性强的特点深深地吸引着美妞，她选择了重复阅读，在已经知道文章情节如何发展后，仍然一遍遍地阅读。每次阅读《雷雨》，美妞都有不同的感受，虽然她没有具体说出来这些感受是什么，但是足以说明这部著作对于美妞的影响很大。就是在一次又一次的阅读中，美妞被深深地震撼着、感染着、影响着。

（三）文体

文体这个概念，有学者将其翻译为"文体""风格""语体"等。罗杰·福勒认为："文体即表达方式，它之所以具有存在的理由和价值是由于非语言因素的缘故。"文体分为狭义与广义，文学文体属于狭义上的文体，包括语言特色或表现风格、作者的语言习惯，以及特定创作流派或文学发展阶段的语言风格等。广义上的文体指一种语言中的各种语言变体，如因不同的社会实践活动而形成的新闻语体、法律语体、宗教语体、广告语体、科技语体；因交际媒介的差异而产生的口语语体与书面语体；或因交际双方的关系不同而产生的正式文体与非正式文体等。① 文体的不同，会影响读者对文本阅读策略的选择。

在美妞所读的传记中，有很多是关于科学家的传记。美妞八九岁的时候有一段时间疯狂地迷上了科学家的人物传记，在这个过程中，美妞阅读了居里夫人、牛顿、达尔文、爱迪生和爱因斯坦的传记。通过阅读这些传记，美妞对于在这些科学家身上所体现的科学精神有了更深刻的感受，从他们身上也感受到了更强的力量。如美妞阅读《居里夫人传》的时候，看到居里夫人因为长期接触镭这种放射性元素，导致过早地离开人世，使她认识到科学家的献身精神；在阅读《达尔文传记》时，她对达尔文敢于挑战权威有深切的感受，如她在《〈达尔文传记〉读后感》一文中这样写道：

达尔文一生为我们留下了重要的生物界文献资料。他解开了物种起源的谜团，他用笔把人带出了迷信这团难解的雾团，他是进化论的鼻祖，他才是真正的救世主。从达尔文身上我们可以学到要敢于提出自己的观点，不要因为别人不相信你而放弃自己的想法。我们也要学习他这种不怕困难的勇敢精神……

传记是一种常见的文学形式，主要记述人物的生平事迹，根据各种书面的、口述的回忆、调查等材料，加以选择性地编排、描写与说明而成。传记和历史关系密切，某些写作年代久远的传记常被人们当史料看待，一般由他人记述。亦有自述生平者，称"自传"。美妞阅读了很多科学家的传记，从他们身上感受到了更强的力量。这里体现出美妞运用了鉴赏策略，感受到了传记主人公具有的科学精神，并且在其科学精神中寻找、学习到了很强的力量。美妞是一个共情能力很强的孩子，阅读传记会让美妞了解人物的生平事迹，感受到伟大人物的优秀品质，为她提供正确的价值观引领。美妞阅读《达尔文传记》后写了读后感，这是美妞主动运用了运用策略，通过读后感来抒发自己对达尔文的科学精神的敬佩以及对其勇敢、执

---

① 裴剑平：《王祥夫短篇小说文体研究》，河北大学 2018 年硕士学位论文。

着追求真理的精神的赞赏。运用策略的使用可以使美妞对达尔文有更深刻的理解和思考，同时也可以提高美妞的写作水平。

儿童在背国学经典的时候，由于对时代背景不熟悉，可能会有很多问题，对于这些问题，家长要和孩子探讨，探讨的过程也会增加背诵经典的乐趣。当然，我们在背诵的过程中也会采用其他的一些方式，使背诵的过程更加富有趣味，以符合美妞的个性。很多孩子在背诵经典时之所以不能坚持，主要是因为背诵经典的过程太过于枯燥。我们常用的一个方法就是角色扮演。

角色扮演是指根据背诵内容中的情景来扮演角色，然后在情景中进行背诵。一般来说，这样的内容是具有一定的趣味性、叙事性和情境性的内容。如美妞在背《论语》中的"樊迟问仁"这一部分时，只读了两遍就会背了，主要是因为她是在情境中背的。第一遍，我扮演孔子，美妞扮演樊迟。第二遍，美妞扮演孔子，我扮演樊迟。第三遍，美妞就熟练地背出来了。

联系现实生活来背诵，也是一种很好的背诵方式。美妞在背"举直错诸枉，则民服；举枉错诸直，则民不服"这一句时，联系选班干部的情境来背，效果也不错。

美妞："这一句我一点都不懂，什么意思呢？"

妈妈："这一句是不好懂，妈妈给你打个比方，你就容易懂了。就好比在你们班挑选班干部，如果当选的这个同学能够以身作则，大家就都会服他；如果这个同学不能在班上起到很好的表率作用，同学们就会不服他。这样你理解了吗？"

美妞："这样很好理解，很有意思。"

对于国学经典，美妞是采用记忆策略来学习的。具体来看，美妞运用了两种不同的记忆策略，一种是情境性记忆策略，另一种是联想性记忆策略。美妞在背《论语》中的"樊迟问仁"这一部分时，和妈妈进行了角色扮演，一个人扮演樊迟，一个人扮演孔子，第二遍的时候再进行角色互换，这样在情境中对话可以使儿童融入创造的情境中，将自己带入角色里，于是文中的语言成了自己要表达的内容，就更容易背诵下来了。美妞在背"举直错诸枉，则民服；举枉错诸直，则民不服"时，联系了选班干部的生活实际场景，运用了联想性记忆策略，即通过联想生活中的有关事件，来理解文中与其相似的事件。

通过对比儿童阅读传记和国学经典这两种不同的文体，我们可以看出儿童阅读不同的文体会运用不同的阅读策略。不同的体裁构成文本不同的形式图式。形式图式指的是文本的体裁和篇章结构方面的知识。每种体裁都具有各自相应的特点和框架，对读者提出不同的阅读要求。如果读者拥有足够的文本体裁和结构方面的知识，在阅读过程中，熟练地运用结构策略，激活正确的形式图式，根据文本的组织结构和段落之间的逻辑关系对阅读的内容进行预测、选择和验证，这将有助于读者对文章的透彻理解。①当儿童在阅读人物传记的时候，可能会更多地对传记的主人公进行评价，思考这些人物与自己的关系，很多时候可能还会被人物身上的优秀品质所打动、感染，这时候便会主动运用鉴赏策略。儿童读完传记之后还会主动运用记忆策略，写一些读后感，来表达自己对传记中记叙的人物的感受。当儿童在阅读国学经典的时候，最经常采用的阅读策略则是记忆策略，通过不同类型的记忆策略，比如情境性记忆、联想性记忆策略来达到记忆国学经典的目的。由此可见，文体的不同会影响儿童阅读策略的选择，儿童会根据不同的文体选择适合的阅读策略来帮助自己进行阅读。

三、成人对于儿童策略使用的影响

通过观察儿童的阅读过程以及对他们进行访谈，我们了解到儿童是会使用很多阅读策略的。但是当我们问他们"什么是阅读策略"时，他们的回答都是一致的——"不知道"。这就说明很多儿童虽然会在阅读过程中使用阅读策略，但是自己却不知道自己运用了阅读策略。

这种现象与我国的阅读策略的教学是分不开的。我国阅读策略的教学存在于阅读教学的设计中，存在于语文教学的教材研读及语感教学中，是自下而上产生的。对儿童来说，虽然在阅读教学以及家长的阅读指导下，逐渐学会运用阅读策略，但是对阅读策略是缺乏理性的认识的。儿童在阅读过程中也是较为随意地，不是主动地、积极地、高效地运用阅读策略。

作为教师和家长，在指导儿童阅读的时候，不仅应该在阅读的过程中将阅读策略渗透给儿童，还应当让儿童了解和运用阅读策略。教师和家长应该告诉儿童可以运用哪些阅读策略来帮助自己阅读，并且应该教给儿童遇到不同的阅读问题时运用不同的阅读策略，引导儿童在阅读过程中主动

---

① 斯琴、李满亮：《从图式理论的视角看阅读理解的心理过程》，《内蒙古大学学报（人文社会科学版）》，2007 年第 1 期，第 96—99 页。

地运用阅读策略理解文本的内容。

儿童了解阅读策略的种类，学习到阅读策略的运用方法，就可以自觉地、有意识地、有针对性地学会运用阅读策略解决阅读过程中遇到的问题。

成人要根据儿童个体的特点来进行阅读策略的指导，每个儿童都是一个独特的个体，有着不同的爱好、性格，有着不同的知识经验。通过研究发现，儿童本身的这些特点对于儿童阅读策略的运用是有很重要的影响的，所以教师和家长应该根据儿童个体本身的特点来对儿童进行阅读策略的指导。教师和家长可以根据儿童的爱好，选择儿童感兴趣的文本和他们一起阅读，在阅读的过程中对他们进行儿童阅读策略的指导。由于儿童对文本感兴趣，所以在阅读过程中就会更容易接受阅读策略的学习，也会将学习阅读策略当成是一件有趣的事情。教师和家长可以根据儿童的年龄，教给他们适合其年龄的阅读策略。比如低段的儿童可以更多地学习一些复述与记忆策略，通过对文本的记忆来帮助自己理解文本，在不断地记忆中深化对于某些知识的理解。而中段、高段的儿童可以更多地学习思考与评价策略和鉴赏与运用策略，通过对文本的思考、评价、赏析、迁移等对文本进行深加工，从而更好地理解文本中的人物、情感和观点。

第六节　家长应如何培养儿童的阅读能力

通过上一节对于影响儿童阅读策略使用的因素的分析，家长可以从中得到一些关于如何培养儿童阅读能力的启发。儿童是在周围环境的影响下，通过主客体的交互作用，从而获得心理发展的。对于阅读能力的培养也是如此。家长应该通过构建良好的阅读环境来培养儿童的阅读能力。好的阅读环境的创设既包括创设适宜的阅读物质环境，也包括创设良好的阅读心理环境。

一、家长要帮助儿童丰富知识经验

通过研究发现，儿童的原有知识经验对儿童阅读能力的发展有较大的影响。① 儿童拥有越多的知识经验，在阅读过程中越容易理解文本的内容，

① 金花、钟伟芳、徐贵平等：《世界知识在句子理解中的整合时程》，《心理学报》，2009 年第 41 卷第 7 期，第 565—571 页。

在阅读策略的运用方面也会更加游刃有余；而知识经验较少的儿童理解文本的能力较弱，对于很多新信息接受起来比较困难，阅读策略的运用也不会那么熟练，阅读效果就会相对不好。

儿童的知识经验包括生活中直接经验的获得以及在不断的阅读的过程中积累得来的。所以教师和家长可以从两个方面来努力引导儿童获得更多的直接经验和间接经验。一方面，教师和家长在平时的学习生活中应该提供给儿童更多让他们自己体验、自己学习的平台和良好的环境，让他们能够有机会获得更多的直接经验。有条件的教师和家长可以和儿童一起体验大自然和周围的事物的美好，通过亲身的经历和体验帮助儿童获得更多的直接经验。另一方面，教师和家长应该引导儿童多阅读，阅读各种不同体裁、不同主题、不同作者的文本，通过大量的阅读，儿童自然会在这个过程中积累很多间接经验。儿童也可以通过与同伴交往和交流获得很多知识经验，教师和家长可以为儿童创造更多的同伴交流的机会，让他们在相互的交流、合作、沟通中交换自己的知识观念、价值取向、生活态度等，这样儿童会了解到更多有关世界、有关自我、有关一些事物的知识经验。

总之，我们应该运用所有合理的方式来帮助儿童积累越来越多的知识经验，为儿童的阅读理解打下良好的基础。知识经验的积累，对于儿童阅读策略的学习、运用和迁移具有很重要的作用，如何运用阅读策略在很大程度上决定阅读能力的发展。

二、理解儿童的思维方式

当家长能够很好地理解儿童的思维方式时，才能更好地理解他们。因此儿童在阅读中是如何理解他们所阅读的内容的，是家长需要去关注的。家长可以去倾听儿童在阅读中的感受、困惑或发现，让儿童告诉我们他们是如何思考的。那么，在实际中家长应该如何去理解儿童的思维方式呢？

与孩子讨论是一种非常重要的理解他们的方式，家长在与儿童讨论的过程中，可以理解到儿童的理解方式。与孩子讨论适合所有的孩子，无论是学龄前的孩子还是学龄期的孩子，但是针对不同年龄段的孩子，讨论的方式应该有所区别。讨论可以通过提问的形式来进行，成人提问时需要掌握一定的技巧和方法。提问的类型有以下几种：引导儿童观察和描述的提问，引发儿童回忆和比较的提问，启发儿童联想和想象的提问，引发儿童因果推测的提问，引发儿童假设、质疑的提问。所以在讨论中，我们可以问这样的问题：你喜欢书中的这个人物吗？为什么？他们的想法一样吗？如果是你，你会怎么想呢？你的意思是什么呢？你为什么这样想呢？我的想法和你的想法有什么不同呢？只有在这些讨论中，我们才能感受到儿童的观念。

家长在讨论的时候，还应该注意阅读内容背后的问题。引导儿童对图书做进一步的分析，将接收的新信息与原有的知识经验联系起来，由表及里地分析和综合，通过扩展自己的猜测或修正自己的预测，快速提升思维能力。当然，家长也可以鼓励和激发儿童进行提问，通过双向互动、探讨问题的方式来了解和发展儿童思维。

家长还可以通过分享阅读来进行讨论。分享阅读主要指在轻松、愉快的气氛中，成人和儿童共同阅读一本书的、类似游戏的活动。在活动的过程中，家长引导儿童一起阅读图画、理解故事，并逐步从图画阅读过渡到对文本的学习和进一步的拓展活动，可以分享最有趣的情节、最感人的情节、最不能理解的情节，然后分析为什么会这样。

只有这种深入人心的讨论，才能让成人真正走进儿童的心灵，成人才能有机会了解儿童的观念是如何发展起来的，也才能真正理解儿童的观念与成人的观念有什么不同，是因为什么而不同。在和儿童的讨论中，成人不能期望儿童接受自己的观点，也不要力求去区分不同观念的高下之分。成人的观点也许可以丰富他们对于问题的认识，也许可以启发他们对于问题的认识，从而帮助他们更好地解决问题。

美妞在阅读中总是会问各种各样的问题，或者因为阅读的内容引发她去提一些问题。在她向我提出问题时，我总是力求在问题情境中去理解她。她为什么会有这个问题，这个问题是基于什么情况提出来的，也正是在这样理解的基础上，才明白她的问题，才知道如何和她讨论。成人以儿童在阅读中所提出的问题作为切入点，从不同角度，为儿童的探究开启一条思维康庄大道，让他们去寻找那些在远处等待他们发现的新世界。成人只有在儿童阅读的情境中体验和理解儿童所提出的问题，才能通过自身的机智来果断地处理儿童在阅读中所提出的问题。

三、欣赏儿童的思维方式

在我们的社会中，人们常被教育：存在一种最好的思维方式。因此在教育儿童的时候，成人总是试图去寻找那种最好的思维方式，并用这种最好的方式来教育他们最为珍贵的孩子。孩子们要吃着成人所准备的最为精细的粮食。就像很多家长在生活中要给儿童提供最好的食物一样，他们期待在精神中也要提供最好的精神食粮。儿童被要求进行最高效的学习，学习最有用的知识。而儿童一旦偏离这样的路径时，就会被指责。

对于儿童来说，所有的理解、所有的错误尝试都是有价值的，都是人类个体在前进的过程中所必须经历的。正如我们所熟悉的一句话：生活中没有哪一条路是白走的，没有哪一件事是白做的。

我们在与儿童相处的时候，要去欣赏并理解儿童对事物的理解。他们在阅读过程中会有质疑，这些质疑或者正确，或者不一定正确，或者根本就不能用正确与不正确来进行判断，但只有这样我们才能听见儿童在阅读中、在生活中最真实的理解。批判性思维具有重要的意义，它是一种崇尚人类理性的精神气质，表现为好奇、怀疑、审慎的心态，不轻信，不盲从。它是获得知识、追求真理的重要条件，它是社会前进的主要动力。鼓励儿童质疑问难，是发展儿童批判思维的一个主要途径。儿童提问表明他在对事物进行探索、思考，在寻找事物之间的相互联系，这正是思维的表现形式。只有善于发现问题和提出问题，才能够在此基础上思考和寻求解决问题的方法。

美妞4岁时，笔者给她讲《愚公移山》的故事，还没等笔者说完，美妞问："为什么他们不在山里挖个洞？这比把整座山搬走要容易。"然后马上接着说："还可以把家搬走，还可以弄一个铁索桥，这些都比把山搬走容易。"

美妞5岁的时候，笔者给她讲《牛郎织女》的故事。她听完后，提出一个问题："为什么牛郎披着牛皮能飞，却不能飞过银河？"一下子把笔者问蒙了，是啊，为什么其他地方能飞过，银河却飞不过去呢？

有疑才能提高，有疑才能思考，有疑才能进步。年幼的儿童最初处于模仿阶段，这时儿童处于成人的权威之下，他们不敢质疑，因为他们和大家保持一致才会感到安全。所以在与儿童相处时，成人应该与儿童建立一种健康的关系，让儿童感受到安全。

儿童之所以敢于质疑，在很大程度上得益于成人对他们的帮助和鼓励。每当美妞提出一个质疑，笔者从来不会敷衍，即使一些内容已经超出了笔者能理解的范围，也会积极努力和她一起寻找问题的答案。每当我们寻找出答案，美妞会有一种特别骄傲的感觉。成人对儿童的质疑的帮助，不仅仅表现在鼓励他去质疑，还表现在当儿童在展现批判精神的时候，成人需要保护这种精神。因为有时候儿童的批判不一定是正确的，但家长不可以一味地否定，而应该智慧地加以保护。我们应该愿意接受儿童的观念。我们在面对儿童时应该变得敏感，当我们成为具有这样的经验的成人，一定是儿童最愿意靠近的人，教育也就在这样的关系中慢慢产生。

美妞上四年级的时候，她的语文教材上有一篇文章叫《记金华的双龙洞》。美妞看完后很不以为然，说："叶圣陶的这篇文章写得不怎么样。"笔者很是诧异，于是问道："你为什么不喜欢叶圣陶的这篇文章呢?"美妞说："双龙洞，应该也是一个很好的熔岩洞，他应该好好地写一写岩洞里漂亮的钟乳石、石笋，而他没有写，所以让人感觉不到双龙洞到底有什么好了。"

当然，这是美妞的观点，她可能是因为曾经去过贵州的织金洞和桂林的一些岩洞，被这些美丽的岩洞深深吸引，所以她觉得写洞一定要写这些漂亮的钟乳石和石笋。而恰恰叶圣陶没有写很多，只是简单地描述了一下，所以她觉得写得不好。这是美妞的观点，我认可她的想法。但我知道，这也许是因为美妞对双龙洞不是很了解，我也不是很了解，上网查了查，才发现原来双龙洞最精彩的地方也就是内洞与外洞之间的地方了，所以叶老花了很多笔墨来描写是怎么进洞与出洞的。后来我和美妞讨论了这个问题，美妞表示很理解，能接受为什么叶圣陶这样写这篇文章：因为内洞和外洞之间的通道才是双龙洞最具特色的地方。

儿童都具有个体性，尊重儿童的个体性是成人与儿童相处时所应遵循的一个重要前提。在对儿童的尊重中，尊重儿童的个体性，是对儿童最基本的尊重。成人在与儿童相处时，要信任儿童，信任儿童所提出的问题。

四、创设阅读心理环境

儿童阅读能力的培养不能仅限于学校范围，仅仅依靠学校不可能培养好儿童的阅读能力，家庭一直是培养儿童阅读的重要场域，家长一直是培养儿童阅读能力的主要责任人。

一些家长尽管很重视孩子的阅读，如给孩子买各种各样的书，但是家长自己不读书，这样是难以培养出爱阅读的孩子的。为了培养一个爱读书的孩子，家长需要善于为孩子创设良好的家庭阅读环境。良好的阅读环境包括儿童能够随时自主地选择喜欢的阅读材料，家长能够为儿童提供适当的图书阅读时间，让孩子惬意、自由地享受阅读的乐趣。除了给孩子创设一个很好的阅读的物理环境，还应该给孩子创设一个良好的阅读的心理环境，能够让儿童处在一个自在、有趣，具有亲和力、舒适感而且情感丰富的阅读氛围中。如和孩子对所看的书进行交流，鼓励儿童讨论他们所读的东西，这样他们对书本内容会有更深的理解。现在很多家长都比较重视为儿童创设良好的阅读物理环境，如定期给孩子买书，给孩子在家里布置适合的空间等，这些都是非常有益的。但家长一定不要忽视为儿童创造良好的阅读心理环境，这对于孩子们的阅读能力的发展也至关重要。

1. 和孩子一起读书

前面我们谈过，培养一个爱读书的孩子，一定得有一个爱读书的家庭，得有爱读书的父母。在培养美妞的读书习惯的过程中，我们大人确实起到了一定的示范作用。和孩子一起读书是我们教育美妞的一个基本原则。美妞看的大部分书确实都是经过笔者精挑细选的，这样她看什么书笔者心中大致有数，从源头上保证了所看图书的良好品质，当然也会有这样或那样的不足，但相对来说要好一些。同时，精挑细选也不是没有方向的，因此也可以说保证了美妞阅读的计划性。

家长最好尽最大可能了解、关注儿童所阅读书籍的内容。尽管美妞看的每一本书笔者不都是很了解，但笔者一直在关注。美妞在学龄前看的书相对比较简单，因此我们只需要花很少的时间就能了解或者熟悉阅读内容。正是因为对她的了解，她说的话、她想的事，受哪本书的启发笔者都很清楚。但是她上中高年级后看的一些大部头书，笔者是没有时间关注的，特别是她看书的速度非常快，还有看书的来源也较以前广了，她会从学校、同学那儿看一些书，这样笔者就没有办法知道了。但只要是她带回家看的书，或者是家里给她提供的书，笔者会经常抽空翻一翻，哪怕只是了解其中的一点点内容，这样也会与孩子有沟通的可能。其实在美妞上学的这些年，笔者也是非常忙碌的。美妞看的很多书笔者都没有时间看，但为了了解她，为了对她的阅读能起到一个帮助的作用，笔者会把她最近听的一些书的音频下载下来，然后在做家务的时候、上班途中听。

随着孩子阅读能力的增长，要尽可能地了解孩子阅读的情况，就需要家长费更多的心思。和孩子一起阅读的过程中，父母不仅是扮演一个提供书的角色和一个侦探的角色，以了解她的思想；更重要的是，在和孩子一起阅读的过程中，提供力所能及的帮助。当他想和你交流的时候，你能与他交流；当他不能理解的时候，你能给他提供思路；当他遇到问题的时候，你能帮他克服。在和孩子读书的过程中，你也是一个真正的学习者。

在和美妞一起读书的日子里，笔者永远都是一个学习者。比如在美妞学习的时候，笔者确实也是在学习，而不是陪读，她在阅读各种图书，笔者也在阅读自己喜欢的书、批阅学生的作业、写文章，等等。

在和孩子读书的过程中，孩子也是你的学习对象。这一点随着孩子年龄的增大日益明显。在美妞七八岁之前，在学习上，笔者可能还能在很多方面处处领先于孩子，后来在她八九岁以后，笔者发现在很多方面就没有这种优势了。一方面是因为儿童的记忆力是非常强的，另一方面他们有更多的时间来学习。并且还有很多时候，孩子提出的问题是成人所无法准确回答的，所以我们也是需要学习的。比如在本书的有关章节中大家可能已经发现了，对于很多问题笔者也是不知道的，正是因为美妞，笔者才有机会、有动力和她一起去学习、去发现。

2. 珍视儿童在阅读中的感受和独特理解

《义务教育语文课程标准(2011 年版)》指出："阅读是学生个性化行为，不应以教师的分析来代替学生的阅读实践。应让学生在积极主动的思维和情感活动中，加深理解和体验，有所感悟和思考，受到情感熏陶，获得思维启迪，享受审美乐趣。要珍视学生的独特感受、体验和理解。"新课标这样提的主要目的是鼓励学生有自己的独到体验和见解。

在阅读活动中应具有自主性、独立性。家长应该留给孩子自主的阅读时间、自主的阅读机会和自主的阅读权利。允许有个人情感地表达阅读结果，就有可能出现"一千个读者就有一千个哈姆雷特"的阅读效果，就有可能超越文本产生新的阅读创意，拓展出新的思维空间，从而提高阅读质量。

珍视儿童在阅读中的独特感受和理解。对儿童来说，这种感受有不同的层次。首先是儿童对于主要词句、核心词语、内容细节、主体框架等的理解，然后是儿童对文中所隐含的逻辑关系、主题信息、情感思想、作者态度的理解，最后是儿童对于文章的鉴赏评价等方面的独特感受和理解。

每个学生在阅读中的感受和理解是不一样的。有的学生可能要敏锐些，要强些；有的学生可能要迟钝些，要弱些。这应当和先天智能有些关系，但主要在于阅读习惯的养成。尊重儿童的感受和独特理解，有助于培养儿童的阅读理解力。儿童独特的阅读理解力和感受力的养成，有个习惯到自然的过程。家长可以引导儿童在阅读中注意发现，善于发现。

在美妞阅读了大量的书籍以后，我们发现在她小学五年级的时候，她开始在阅读中有了自己独特的感受和理解力，有了自己的发现。当然，由于年龄小，她的感受和理解还主要表现在较为初级的层次，如主要着重于对词语概念的感受和理解。

五、成人在为儿童创设阅读环境时，需要具有教育的敏感性

成人在为儿童创设阅读环境时，需要具有教育的敏感性，教育的敏感性体现在几个方面。

首先是对儿童的敏感，在了解儿童兴趣的基础上推荐阅读对象。在现实的教育生活中，我们经常看到这样一些现象：家长买的书孩子不喜欢看。那是因为我们对儿童不敏感，不知道儿童对什么感兴趣。因此，假如我们觉得自己买的书孩子不太感兴趣，可以邀请孩子和我们一起到图书馆或书店，一起寻找他们感兴趣的书。

美妞在四年级暑假的时候，在笔者的推荐下开始阅读凡尔纳的科幻小说。向美妞推荐凡尔纳的科幻小说，是基于笔者对美妞的了解。一方面，因为美妞是一个好奇心特别强的孩子，笔者想她一定会喜欢这些科幻小说；另一方面，美妞具有较为丰富的地理、历史和科学方面的知识，应该具有理解这些内容的基础。笔者给美妞推荐阅读的第一本凡尔纳的科幻小说是《神秘岛》。实践证明，笔者的猜测是非常正确的，美妞非常喜欢这本小说，几乎到了痴迷的程度，暑假期间只要有空闲她就会阅读，甚至在暑假旅游期间也念念不忘这本书，她关心小说中各个人物的命运。在美妞读完《神秘岛》后，笔者又给她介绍了凡尔纳的系列小说，于是美妞顺理成章地接连或听或读了凡尔纳的《格兰特船长的儿女》《机器岛》《海底两万里》等书，她为凡尔纳所创造的各种各样有趣的人物角色而或喜或悲，有时候也为凡尔纳所设计的离奇的情节而兴奋，于是竟然会先阅读了小说的结尾，然后再气定神闲地慢慢欣赏。美妞在两三个月的时间里系统、认真地读完了这4部小说，收获颇多。

其次，家长在给儿童创设良好的阅读物理环境时，还应有对教育资源的敏感性。教育资源是影响儿童发展的中介要素，含蕴着一定的思想观念、伦理道德、社会价值等。教育敏感性高的成人更容易从读物本身的价值、儿童发展的角度去思考教育资源的意义，做出符合教育规律的专业选

择和理解，施行适宜的教育行为，追寻教育活动的适当性。在现实生活中，人们对于教育资源的选择和理解，往往由于生活经历、价值取向的不同而存在着差异，同一教育资源可能因为置于不同的教育情境而产生不同的效果。所以，成人必须对教育资源保有一份敏感性，具有明确的教育学意识和"关心品质"，保有"我们对区分什么对孩子好、什么对孩子不好的所有积极的思考"。

最后，在给儿童创设良好的阅读环境时，还应有对教育情境的敏感。在阅读中，儿童实际上也是在与知识（课程）及其背景、自己的经历经验等进行遭遇和对话，这一过程因为参与其中的每个人的认知经验、生活体验、理解方式的不同，往往使阅读的展开和进行充满很多的"意外"和"惊讶"，产生出不同的知识理解和教学意义。

第三章　儿童书面表达能力发展

美妞从一年级第二学期开始，一直坚持写日记，二年级时她能够写一段话或一篇小短文，三年级以后，她表现出在写作方面有了比较好的基础，并已经养成良好的写作习惯，喜欢用文字来表达自己的思想和感情。

通过美妞写作的故事，我们能够观察到儿童从早期有写作意识萌芽，到能够自由地通过文字来表达，一个儿童是如何学习书面表达的过程。学校教育在培养美妞的写作能力方面发挥了远比家庭教育更为重要的作用，老师们在培养美妞的写作能力上也倾注了很多精力。美妞的语文老师是一位非常有经验的老师，非常重视孩子们的作文教学。但由于本研究主要关注家庭教育，所以没有涉及学校教育是如何促进儿童写作能力发展的。

儿童是如何写作的？写作对儿童意味着什么？儿童写作的目的是什么？不同阶段的儿童的写作能力是如何发展的？儿童在写作的时候，他的心理有什么特点和规律？我们如何利用儿童写作的特点和规律来培养儿童的写作能力？在这一章，我们将结合美妞写作的故事，通过回到事情本身，回到儿童日常的写作生活经验来探讨儿童写作。

第一节　儿童书面表达能力概述

一、什么是表达

人天生具有表达的欲望，为了满足这种表达需求，人们尝试着通过各种方式来释放内心的情感或想法等。一般来说，人们表达的方式主要分为三种：言语表达、动作表达和情感表达。儿童表达的形式是非常多样的，如舞蹈、绘画、手工等都是儿童表达的方式。

绘画是学龄前儿童一种非常常见的表达方式。绘画是儿童对他所感知到的世界的一种再现。他们尝试着把他们所理解的东西用图画表现出来。儿童绘画表达了儿童的主体性。手工虽然不同于绘画，但它也是一种艺术的表达方式，与绘画有着同样的道理。舞蹈也是儿童表达情感的一种方式，儿童的情感通过动作得以体现。唱歌也是儿童表达的一种方式，情感通过声音得以体现。我们在此无意对这些儿童表达方式进行更深一步的阐述。我们旨在说明儿童表达的方式是多样的，语言表达仅仅是其中的一种。

在美妞还不能很好地用文字表达的时候，她也会采用绘画的方式来表达自己。例如美妞和她的小朋友们刚上小学一年级时，我们都非常关注他们的座位。由于当时是甲型 H1N1 流感暴发的敏感期，学校也不让家长进，家里人都比较关心美妞在学校的座位，美妞后来干脆画了一张座位图。她画得清晰、准确，一共画了六行，每行两人，画完后，再用一个大框框起来；接着画第二大组、第三大组，画完以后又画了讲台和老师；最后美妞在她认识的小朋友们旁边注上名字。

不同的儿童会偏向不同的表达方式。儿童在年幼阶段主要运用肢体语言、绘画、舞蹈和唱歌等表达内心活动。随着对语言的习得与掌握，儿童将逐渐采用能够清晰、直白、准确地传达内心情感、思想的言语表达方式，包括口头语言与书面语言。通俗意义上，我们一般说表达是指口语表达和书面表达。说话是口语表达，写作是书面表达。随着儿童年龄的增长，特别是儿童入学后，语言和文字的表达开始占据更加重要的位置。

二、书面表达是入学儿童的一种主要的表达方式

何为"写作"？从词源学来看，《说文解字》中对"写"和"作"进行了如下解释，"写，置物也，谓去此注彼也。按，凡倾吐曰写"。由此我们可以看出"写"就是主体有强烈的传递信息的愿望，把内心的想法转移到另外一个地方，所谓"倾吐曰写"就是这个意思。"作"则在不同文章里被解释为"起""始""生"，显然"作"有创造、生成的意思，那么创造就可以理解为对文字的创造性使用，让文字在表达的过程中显示出特有的张力和生命力。

写作是运用从阅读中习得的语言知识和写作技巧把自己的思想表达出来的书面交际形式。把语篇层次的阅读教学与写作一比较不难发现：从某种程度上来说写作和阅读互逆互补，相辅相成。阅读是写作的基础，是写作知识和技巧的源泉，前者是在接受他人信息，后者是在接受他人信息基础上，模仿他人传送信息的方式来输出自己的信息。所以如果说阅读是解码的过程，写作则是编码的过程。

儿童写作必须在一定的语言能力的基础上进行，除了需要具有一定的

遣词造句、连词成句、连句成段、连段成篇的能力外，还必须具有从宏观上、整体上构思及分层表达的能力，具备将主题句扩展成段，并用适当的关联词连段成篇的技能：用词准确，造句规范，文理通顺，整体布局合理、清楚，合乎逻辑地把自己的意思表达出来。所以说写作是创造性的活动。

三、儿童书面表达的意义

写作能力是一个人各项能力中一个非常重要的方面，我国的中小学教学一直非常重视对作文能力的培养。关于写作教学，《义务教育语文课程标准(2011年版)》指出"写作是运用语言文字进行表达和交流的重要方式，是认识世界、认识自我、创造性表述的过程"。写作能力的培养与儿童的阅读能力、观察能力、思考能力、创造能力等能力紧密相连，写作能力也表现了人的基本素养。叶圣陶曾经说过："作文是各科学习成绩、各项课外活动的经验以及平时思想品德的综合表现"，由此可见写作的必要性。

作文是体现儿童综合能力的重要方面。具体来说，儿童书面表达的意义主要体现在以下几个方面。

1. 写作能够提高儿童的语言能力

因为写作是语言的一次内化过程，所以写作是可以提高孩子的语言能力的。孩子把自己看见的、经历的、感悟到的东西写下来时，要求在写作过程中求真、立诚，一定要"我手写我心"，把自己的经历及内心的想法以书面语的形式呈现出来。写作是小孩子对外和对内沟通的工具之一。

2. 写作能够提高儿童的思维能力

写作能更好地表达自我，彰显个性、思维。写作也是儿童独立思考的过程，可以提高逻辑思维能力。因为写作需要一定的逻辑思维参与，否则写的东西可能不被理解或者组织混乱。所以写作能力往往是一个人思维能力的外在体现，用写作与人交流相当于思想层面的切磋。写作是需要耗费心血的。写作跑题、没有中心思想，是作文框架没有搭好；索然无味如白开水，是细化不到位，内容不够丰满。孩子需要在脑海中思考、理解和内化才能解决这些问题。写作能够锤炼孩子的思想，提升儿童的思维能力。

3. 写作能够提高儿童的创造力和想象力

写作能够提升创造力和想象力。通过阅读和学习进行积累，其实相当于一个长期输入的过程；写作则是一个创造和输出的过程。对自己积累的各方面的知识，运用自己的方式重新组合，然后加以创新。加强知识记忆的同时，创造力与想象力也得到了充分的锻炼。在整个写作过程中，孩子思想中散碎的东西条理化、整体化，换句话说，认识在起伏前进，悟性在螺旋上升，格局在跨越扩展，境界在逐级攀升。

总之，写作对孩子的成长的长远意义是重大的，它是个体生命成长的需要，能够锤炼一个人的思想。写作是孩子生命成长的动力，一定要让孩子经常写一些文字，梳理自己的思维，通过文字来提升孩子的语言组织和逻辑思维能力、沟通表达能力，一举多得。然而我国中小学生的作文能力一直堪忧，现实中我们经常可以看到无数的一线语文教师想方设法调动学生的写作兴趣，培养学生的写作能力；中小学生为了作文而绞尽脑汁，很多学生把写作看成难以应付的苦差事，每逢写作文，颇有大难临头之感，苦不胜言。如何引导儿童掌握基本的写作技巧，培养儿童的写作兴趣，是长期应该关注的问题。

第二节 儿童口语表达与书面表达的关系

一、儿童的书面表达是以口语表达为基础的

儿童自出生以后，就一直在尝试通过语言来表达自己。两三岁的孩子就具有了较强的口语表达能力，随着儿童年龄的增长，他们开始具有越来越强的口语表达能力，口语表达能力的发展也为他们的书面表达能力发展奠定了一定的基础。

口头语言与书面语言是相辅相成的，书面语就是考虑如何将想要口语表达的内容用恰当的书面语言表达出来。"口语"是一个人的基本能力，很多儿童都不存在口语表达的困难，甚至很多儿童"能说会道"。在平时的学习生活中，人们往往忽视了口语表达与书面表达的关系，忽视了"口语表达"对"书面表达"的作用，很少有意识地去锻炼"口语表达"。其实，"口语表达"和"书面表达"是一对孪生兄弟，"书面表达"是"口语表达"的翻版，为此，成人在指导儿童进行书面表达的时候，要借用儿童的口语表达能力，通过"口语表达"来提高"书面表达"的能力。尽管我们认为书面表达是以口语表达为基础的，但同时必须意识到在实现由口语表达向书面表达的过渡中，还存在很多复杂的心理转化活动。一些儿童在由口语表达向书面

表达的过渡中，没有很好地实现自由过渡。

造成这种状况的原因有两方面：一方面，习作是一种具有创作性的活动，对儿童各个方面都提出了较高的要求；另一方面，家长和老师在指导儿童写作上存在一些误区。成人们没有意识到表达就是写作，儿童会说话、会表达自己的思想、会与他们交流自己的思想，就能很好地写作。如果我们意识到写作与表达的关系、写作与口语交流的关系，也就在一定程度上打开了写作表达的大门。

二、学龄初期儿童的书面表达与口语表达的巨大鸿沟

学龄初期，儿童的书面表达与口语表达之间存在巨大的差距。

美妞在入学前，已经具有很强的口语表达能力，能够在笔者帮助记录的情况下，口述一千字左右的作文。其实这个年龄阶段的孩子们都具有这样的能力。笔者的一个朋友的孩子，入学前已经在其妈妈的帮助记录下开始进行小说创作。很多家长没有意识到儿童具有这样的潜力。

入学以后，儿童开始学习书面表达，开始从一笔一画学习写字，通过文字来表达自己。这个时候儿童的书面表达与口语表达存在巨大鸿沟。儿童学会书面表达的过程是非常艰难的，要面临巨大的挑战。直到儿童学会熟练地书写，书面表达与口语表达的鸿沟才会慢慢缩小。美妞大概在二年级期末的时候，开始突破她口语表达与书面表达间的巨大鸿沟，能够相对比较自由地表达自己的想法了。

三、"写字"与"写作"的差别

美妞是一个不爱写字的孩子，却喜欢写日记。一个特别不愿意写字的人，却喜欢写日记，如此矛盾的两件事情能够结合在一起，是很值得我们思考的了。最根本的原因是美妞喜欢通过写作来表达自己的想法。

美妞在读二年级的时候，有一次犯了一个错误，笔者很生气，于是就用她最讨厌的活动——写字来惩罚她，罚她抄写一百个字。她哭得非常伤心，后来向笔者乞求说："我能不能不写一百个字，我写一百个字的作文。"笔者答应了她的要求。后来她通过文字陈述了事件的来龙去脉、妈妈生气时的表情、自己事后的反省等。最后她写了不止一百个字，而且还很高兴。笔者当时对她这个选择很诧异，事后就问她为什么宁愿写作文。她说："你惩罚我写字就是让我干我不喜欢干的事情，而我写作文却能够把

受惩罚这件事情写出来，能够表达我自己的想法。"

在美妞二年级的一则日记中，她这样描述"写作"与"写字"的区别："我讨厌写字，因为写字只可以把人家写的字再写（'再写'两字用圆圈圈出）一遍，这是抄。而写作文是想写什么就写什么。写作文很自由，写什么都行，写字却不可以那么随便，你是被人管着，很不自由。"从她控诉写字的日记中可以看出，在美妞的头脑意识中对"写字"与"写作"之间的不同已经有了比较浅显的界定。

为了进一步了解美妞对写作活动本身的理解，后来我们在她读四年级的时候对她进行了一次访谈。访谈具体内容如下。

访谈者："你讨厌写字，但是写作文也需要写字啊。"

美妞："但是毕竟写作可以有自己的想法，有自己的想象空间，像这种抄写的作业，我就恨不得给扔了。"

访谈者："你觉得写作对你来说有什么特别的意义吗？"

美妞："我觉得能在写作里表达自己的感情，我喜欢写一些令人兴奋的、搞笑的事情，有时候不高兴了也想抒发一下。"

访谈者："那你认为写作是一个怎样的活动呢？"

美妞："我觉得它还是一个可以表述自己的、讲述自己经历的活动，它可以告诉别人你的一些经历啊，一些想法啊什么的。"

访谈者："我看你日记里出了几则猜字谜，是和读者对话的形式。你是想去分享你知道的字谜吗？"

美妞："是的，因为我写的时候就是希望以后能够被别人阅读的，我是带着这种心情写日记的。我很想以后有人分享我的一些想法、一些秘密，还有自己的一些体验。"

访谈者："那这样你会隐藏自己的感情吗？"

美妞："不会，我心里想什么就写什么，有一些没能写下来也不是我有意的，可能是后来我忘了。"

访谈者："你日记中还写了对妈妈的抱怨和不满，你也不会刻意隐藏这个是吗？"

美妞："嗯，我希望她以后能够读到，知道我心里的一些想法，有时候她也有做得不对的时候啊，所以我希望她以后能够做得更好点。"

访谈者："你很喜欢写外出旅游吗？我看这样的文章也很多。"

美妞："对，我很喜欢旅游，那些风景特别美，我就特别想把它们记录下来，有时候当时就会写，那篇《游黄果树大瀑布》就是当时在船上的一块木板上写的。另外就是妈妈也希望我去一个地方旅游时能写下当地的美景啊，风俗啊什么的，其实，我都会自己主动去写。"

四、能够自由地表达是儿童写作的内在动力

对于大部分孩子来说，他们是喜欢自由表达的。如果真有一些个别的孩子不愿意表达，那也应该是因为别的一些外在原因导致的。儿童为什么愿意表达呢？从对美妞的访谈中，我们可以看到美妞之所以如此喜欢写作，主要还是因为写作能够给她提供一个可以自由地尽情表达、展现自己丰富情感的阵地。因此，她喜欢写，渴望写，写作逐渐成为她自我生命的内在要求。在旅行中，她急切地描写当地的迷人自然景色、淳朴的民族风俗；在生活中，周围的每一件充满喜怒哀乐的事，都成为她写作的内在动力，驱使着她去表达和形容她所看到的、听到的、想到的一切事物。著名教育家叶圣陶老先生指出，写作发生的心理基础之一就是迫于写作者倾吐、表达的需要。"对人间的生活、关系、情感，或者一己的遭历、情思、想象等，发生一种兴趣，同时仿佛感受一种压迫，非把这些表现成为一个完好的定形不可。"由此可见，人的写作欲望首先出自对表达的渴望。

对此，美妞又接受了一次访谈。

访谈者："在怎样的情况下，你特别想写作呢？"

美妞："嗯……比如，有时候我想说一些话，但是呢，又说不出口，就想把它写出来。还比如我非常不高兴的时候，我很想发泄出来，或者我很高兴想分享一下，把我的高兴成倍成倍地增加，还有想感谢某个人的时候，都会想写出来。"

访谈者："你觉得写出来能抒发自己的情感，是吗？"

美妞："是的。我觉得这是一种动力，让我有一种非常好的抒发。"

访谈者："在写作的时候是怎样的感觉呢？"

美妞："我觉得写作的时候自己就是这个天下的主宰。在写作里谁也管不了我，没人能要求我这么写、那么写，我想怎么安排就怎么安排。"

访谈者："你一二年级的时候，编写了很多想象类型的内容，也是出于这种想法吗？"

美妞："对，就像说话一样，这是我的天地，我可以想写什么就写什么。就像我现在写小说也是一样的，我可以自己安排人物，他们又发生了

什么事儿(很干脆、响亮的回答)。"

访谈者："嗯？什么小说？能给我透露些内容吗？"

美妞："我写的是《美国留学的那几年》，就是两个中国人在美国上大学，在美国发生的一些事，我安排的她们是一个学姐和一个学妹，一个是美国华侨，一个是中国留学生。"

访谈者："你打算怎么安排故事情节呢？"

美妞："我打算放一些我身边发生的小事，然后写进小说里。其实吧，我把故事安排在美国，是因为我想去美国留学，小说里安排的学校是××理工学院，因为我的理想就是去这所学校。"

访谈者："这么说，你编的小说是在反映自己的想法了？"

美妞："对。可以这样说。"

通过上面的访谈，我们进一步加深了对美妞写作态度的认识，她热爱写作，不仅是因为写作满足了她情感表达、与人交流的渴望，她在自由想象的写作世界中，更获得了一种强烈的自我满足感。在这个可以自由想象的世界，她是一切事物的主宰者，是一个王者的形象，这赋予她至高无上的权力，她尽可以任意地安排故事中的人物、跌宕的情节、虚拟的环境等，甚至能够暂时地满足自己梦想已久的小小愿望。下面几篇小日记，是美妞小学二年级时写的。

大战叶子国

叶子国国王很不讲道理，另外几个国王准备讨伐她，(有)水果国、鸡蛋国和芹菜国。我是水果国国王的掌上明珠，三国联合后我就当上了军师。我们还把国民赶出都城，以免意外发生。一切都准备好了，等着战火纷飞吧！

骷髅之战

快要开战了，可就在这时，一次军变发生了。骷髅国忽然攻打起鸡蛋国了。我们只好重新求和。可打了几天几夜，我们也没有分出胜负。

如果没有地球引力

如果没有地球引力，我就可以到处飞，一边飞一边吃饭；一边飞，一边洗澡；一边飞，一边喝水。东边飞，西边飞，南边飞，北边飞。世界我要飞一遍，飞向北冰洋，飞到无人岛，飞到大洋洲，我爱飞飞飞。

通过对美妞的写作进行分析，我们可以更清楚地捕捉到她内心的这种感受。前两篇是颇有点无厘头的战争题材想象内容，但透过合理的情节安排，你似乎都能感受到战火纷飞的场景，看到了那位三国女军师的气度与不凡。她把自己想象为一个英明神勇的"军师"，在激烈的战场挥斥方遒。在《如果没有地球引力》这篇日记中她想象没有地球引力的情况下，自己飞着生活，飞着旅行，飞遍全世界。美妞在充满神奇想象的写作世界中，任意施展想象力，纵使现实中非常弱小、能力有限，但她在写作的想象世界中可以上天入地，无所不能。

写作，给予了她这种自我力量感、表现欲的满足，在这个自己幻想的世界里搭建自己的"王国"，拥有着独一无二的权力去设置故事情节、角色等，这种自由想象的快乐在写作中得到极大的满足。正如作家苏童在其访谈中所言："写作对很多人而言也许是种倾诉或表达，但我认为写作同时还是一种权力欲望的满足，就是一种想象和虚构的快乐在文字的表述中得到扩张。"在写作中表现的权力欲和控制欲，无论在美妞编写的想象作文还是在她着手的小说创作中，都能够得到强有力的印证，即写作从某一方面释放了儿童的精神自由，满足了其力量感的自我表现。

能够自由地表达是儿童写作的内在动力。只有当儿童能够自由表达和交流思想、情感，才能让儿童喜欢写作。根据日常生活需要，去进行表达和交流是写作的起点。因此当我们关注如何培养儿童书面表达能力时，应注意激发儿童交流和表达的内在动力。

第三节　儿童在写作中表达了什么

美妞从上小学的第二学期开始写日记，积累了很多原始的资料。我们通过阅读美妞的这些文字，可以发现她在写作中表达了什么。儿童写日记是儿童表达自己情绪的一种重要方式。在美妞的日记中，有很大一部分是美妞对自己快乐生活的记录。

儿童在写作中表达了什么呢？写作对于儿童意味着什么呢？我们通过对美妞日记的分析，可以发现儿童在日记中主要表达了自己或痛苦或快乐的各种情绪。

一、儿童在写作中表达快乐

2010 年 9 月 1 日

新学期开始了，我很高兴，我又可以和贾老师见面了。

2015 年 3 月 19 日

今天，嘿嘿，我又得到了一条有据有证的八卦消息。这可是我一点点刨一点点挖出来的、比钻石还珍贵的消息。准确无误，因为我是从她的思想中一点一点地"偷"出来的。嘻嘻，这消息准确到不能再准确。这是个天大的秘密。嘿，这就——算了，还是不说为妙。嘿嘿。

从这些日记中，我们可以看到美妞通过日记表达了她与同学和老师的快乐生活。第一篇是关于新学期来了，可以看到自己的老师了，所以很开心。第二篇是因为八卦到同学的小道消息，因此而开心。记录的都是身边的小事件，但她正是因为这些小事件而开心。这些就是儿童日常生活中的点滴快乐。

二、儿童在写作中表达反抗和不满情绪

除了快乐的生活外，美妞也在日记中表达了她的不满，其中主要是对家长的抱怨，在美妞的日记中，这样的表达是很多的。其实笔者是能看到美妞的日记的，但笔者从来不在乎美妞的抱怨和批评，所以她的日记也从来不回避笔者，有的时候她就是写给笔者看的，在一定程度上是和笔者联系交流的一个路径。

2015 年 2 月 12 日　致天下所有的孩子们

天下所有的孩子们：

你们好！

很高兴能和你们写信。今天，我想和你们谈一个十分棘手的问题：现在的大人越来越得寸进尺了！如果我们再不反抗，他们就要更加猖狂了。属于我们的领地，短暂而美好的童年，在被他们一点一点地夺走。我们要把属于我们的一切，被他们夺走的一切抢回来。

现在的大人一边说"小朋友不可以玩手机"，自己一边埋头玩微信、QQ。欺人太甚！这不公平。我们同是一个国家的公民，人人都说：法律面前人人平等。可在现实生活中，大人总是欺负我们，我们不能反抗。我们一反抗，就会遭到更大的欺负。我们不是受气包，任凭大人欺负。

朋友们，让我们一起讨回公道，讨回属于我们的一切。让我们齐心协力，众志成城。

我会和你们常联系。

祝好！

一个被压迫的孩子
2015 年 2 月 12 日

三、儿童在写作中表达发现和好奇

在美妞的日记中，除了表达自己的快乐和悲伤的情绪以外，对于自然的发现和好奇也是很重要的一部分内容。8 岁的美妞夏天时曾观察自家阳台上种的凤眼莲，后来在笔者的建议下，她把观察凤眼莲开花的过程和关于花开的短暂时刻的感受记录下来了。

花开了

大家都看见过花吧，那谁观察过花的开放？我就幸运地看到了花开的那一刻。今天早上我惊奇地发现水葫芦（凤眼莲的通俗名字）开花了。又过了十几分钟我来看的时候，花已经开了十几朵了。我发现还有一朵没有开，我想今天好好观察一下。我拿了一把小椅子坐在这儿，仔细观察了一下。又过了两个小时，花还不慌不忙，还有四片花瓣合在一起睡大觉，我用魔法棒般的手指点了一下，花啪的一声，就全开了。今天，我看见了花开放的过程，这可是没有多少人可以看见的事情。

美妞在这篇小短文中表达了最为让她动心的那一刻——花开的那一刻。虽然美妞只是记录了花开的那一刻，花是如何开的，以及花开的那一刻她的感受体会，但其实她感受到的不仅仅是这些。美妞见证了凤眼莲生长的整个过程：凤眼莲如何从买来的时候还是一株浮在水面上的随处漂动的幼苗，到如何拼命地长出长长的根，然后从一株幼苗长成了一片，最后如何从长出花苞到开花。通过目睹凤眼莲整个生命历程，美妞表达了她对于时间所赋予的生命的好奇。

四、儿童在写作中表达思考

美妞在小学六年级的时候，曾经写过一段关于成人和儿童心理的比较的文字。我把这些内容摘录到这里，来看看儿童是怎样在写作中表达思考的。这是美妞快 12 岁生日的时候，写的一段生日感言。

还有 10 天就是我的生日啦！我就 12 岁了。12 岁之后我就不是儿童了，我就是少年啦，而且我就是初中生了。我就可以像一个大人一样，而且别人也不能说我是小孩子。做小孩子一点也不好，大人们总认为，小孩不如大人。但 12 岁或 18 岁时智商和情商会飞涨吗？我想不会的。如果你 11 岁又 364 天，其他人会认为你还是儿童不懂事；如果你 18 岁零 1 天，别人就会说：你是成人啦。为什么儿童、少年和成人的划分是以年龄为评判标准呢？

在这一段生日感言中，美妞表达了对于用数字年龄来划分成长中的生命阶段的不满，她想表达她对于数字年龄与生命之间的意义的认识。

五、儿童在写作中表达想象

笔者对美妞一年级到三年级的想象作文进行了归类，发现她写了如下一些想象类作文：

一年级作文儿歌	二年级作文	三年级作文
雨伞回家	飞走的图书	刚刚的西瓜皮
春天来了	我是住在大海的一条小鱼	我的创新发明——迷你温室
春天的美景	象山	桃花源记
祖国多么广大	暴雨	家务机器人
沙漠游记		我学会了点石成金

从以上几个角度对儿童在写作中所表达的内容进行简单分析，儿童一般会通过写作表达自己的各种心情，这些心情都来自他们的生活。生活与写作有着密切的关联，生活是写作的根基，写作则是生活的呈现。儿童在写作中展现其生活的千罗万象和千姿百态。

第四节　儿童写作能力发展的过程

语文课标对于儿童的写作要求明确提出把握不同学段写作的教学目标：写作教学指导，应围绕不同学段的教学目标进行。"第一学段定位于'写话'，第二学段开始'习作'，这是为了降低学生写作起始阶段的难度，重在培养学生的写作兴趣和自信心"。要遵循儿童语言发展的规律，循序渐进，不要盲目"提前"。从课标的陈述中可以看出，儿童的书面语言表达培养是贯穿整个小学阶段的。从写话到习作是两个不同阶段。

笔者非常重视美妞的早期教育，特别是对于美妞的语言表达能力的培养。正因如此，美妞具有较强的语言表达能力。美妞6岁进入小学学习时，老师反映其具有较强的口语表达能力，在课堂上喜欢回答问题。第二学期语文老师要求记日记，即一天写一句话。在老师的鼓励下，美妞开始坚持写一日一句。笔者寒暑假一般带美妞出去旅游，但要求每到一个地方必须写游记等，于是美妞一年级时开始在笔者的指导下写作文。美妞在一、二年级时，老师常常要求看图写话；三年级时，她开始学习写作文。由于美妞前期具有较强的语言表达能力，再加上具有一、二年级的写作基础，因此比较顺利地进入到写作文阶段，没有表现出困难。后来无论是在小学阶段还是在初中、高中阶段，美妞都在写作上表现出了不错的潜力。

一、儿童早期的写作意识萌芽

儿童在三四岁的时候就开始有写作意识了。家长可以利用这些写作意识的萌芽进行有针对性的引导。

2岁多的美妞一天拿着一支笔在一张白纸上画线条，一行一行地画线条，明显看出与平时画的不太一样，笔者问她在画什么，答曰："我在给我的姐姐写信。"笔者接着问："那你在信里写了什么呀？"美妞拿起那张画着线条的纸，然后假装开始念信："瑶瑶你好，我在给你写信……"

从这个例子中我们看出，两岁的美妞已经有了写作意识。她知道写作就是把信息传达给别人。她虽然还不知道写字，但她知道一定要写下些什么，所以她用线条来代表文字。如果是一些年龄稍大的儿童，我们还可以发现他们画线条是有顺序的，很可能是按照从左到右的顺序，或者从上到下的顺序；还可以发现他们用画线条表示写作的时候与他们平时画线条是明显不一样的。

儿童早期写作意识的萌芽，不仅表现在他们会用线条来代表文字，还表现在他们知道文字能够表达意义。我们常看到一些还不会认字的孩子，会装模作样地"阅读"。两三岁时的美妞，经常会自己拿一本书，煞有介事地读起来。有时我们发现她甚至把书都拿倒了，拿反了。

美妞在家里新买了一些物品后，会要求我们把说明书拿出来，然后让我们把说明书读给她听。如果家里有什么新的通知，如大门上贴的物业的通知，她都会好奇那里面写了什么，她会表现出想要了解的欲望。

美妞3岁多的时候有一次看见笔者在电脑上敲键盘，趴在旁边问："妈妈，你在写什么？"于是有了下面的这则育儿手记。

2007年2月25日(美妞3岁8个月)　美妞写日记

美妞："妈妈，你在干什么？"

妈妈："我在写日记。"

美妞："你可以把你写的读给我听吗？"

妈妈："好的。"(我开始读写的日记)

美妞："妈妈，我觉得很有意思。妈妈，我也想写日记。"

妈妈："好吧，那你就口述吧。"

美妞："我昨天晚上在家里玩得很开心，刘小乐来了，然后韩小京也来了。后来，我就跑到玩具箱上面玩。然后我又下来了。"

针对这个时期的孩子，家长可以借着他们的发展意识，与他们进行有启发的谈话。他们对阅读和写作充满好奇、向往，会知道掌握文字很重要、很神秘，会在模仿中开始了解到阅读、写作的重要性。这样的话，他们会初步形成写作的意识，这些意识会对后期的阅读和写作有好的影响。

二、写话阶段

口语表达是一种形式，尽管美妞在入学前已经具有了较强的口语表达能力，但一涉及书面表达的时候，还是要重新开始。

美妞上小学一年级的时候，老师要求孩子写日记。笔者很好地抓住了这个机会，非常重视这项作业。第一学期的时候，美妞的日记是用拼音表达的。从第二学期开始，美妞开始用汉字写日记。尽管美妞在 5 岁的时候就可以口述几百字的作文，甚至一两千字的作文，但要自己书写，美妞却只能写十几个字的句子，并且在表达的内容和深度上降低了好几个层次。这个过程对儿童来说非常必要，并且这个过程比较漫长，要经过将近一两年的时间，儿童才能够熟练进行书写，直至自由地用书面语言来表达自己的思想。

写字属于精细动作的技能。精细运动技能主要指完成精巧的、协调的精细动作的技能，如写字、打字等技能。精细运动是由小肌肉完成的、动作幅度较小的运动，主要是通过动手操作来完成。这些技能需要经过多次练习才能发展起来，通过技能训练，儿童逐渐能够做到手眼协调，这样动手动脑能够促进他们智力的发展。儿童在学习书面表达的最初阶段，会面临巨大的挑战，这种巨大的挑战，主要不在于儿童思维发展水平，而在于书写技能拖后腿。下面所展示的是美妞最初的几则日记，从这些日记中，我们可以看到美妞从能口述一两千字的口述作文到只能用十几个字来表达自己的思想，在表达的内容上出现了断崖式的落差。笔者当时没有意识到，但当现在重新叙述这件事情的时候，不知道她在经历这种转化的时候，在自由表达自己思想方面，是不是会经历深深的痛苦和失落。

美妞最初的几则日记

2月23日　今年的寒假，我过得很快乐，我逛庙会了，好多人啊！

2月24日　开学了，我开心，新学期我有了新目标。

2月25日　我学会查字典了。

2月26日　我和朋友们，还有爸爸妈妈，今晚在小区的北门放爆竹。

2月27日　晚上散步时，爸爸给我讲石油的故事。

2月28日　我知道古时候有个女孩叫花木兰，她替父从军。

尽管这种表达在内容和深度上都有很大下降，但儿童也许并没有感受到落差。或许是因为以前口述作文是需要借助于他人的手来写，毕竟不能完全算是自己创作的，但是写一日一句的日记，哪怕只有十几个字，甚至十个字都不到，都是自己表达的。所以在笔者的日记中并没有留下任何对这一问题的看法，说明当初就没有意识到这个问题。

写字对美妞来说，是一个非常艰难、痛苦的事情。在美妞入学前，接受的写字方面的训练不多，在开学初的时候，老师要求小朋友把自己的名字写在规定的方格内，美妞因为不能很好地完成这个任务，而急得在教室里面哭泣。可能是一开始就有了不太好的经历，所以美妞在入学后一直对写字非常抵触。平时在家，只完成老师规定的作业，多写一个字都不太愿意。但她还是坚持写日记。

从美妞的日记中，我们可以看到，她表达的内容非常简单，都是表达日常生活，真实有趣。虽然表达的内容在深入和丰富程度上明显降低，不能自由地表达自己的思想，但可以看出儿童是选择了语言架构的方式来表达自己。即自己会什么字，然后根据自己会的文字来表达自己的思想。也就是说这个时候儿童会根据形式来选择内容，不是想写什么就写什么，而是会写什么字就表达什么内容与思想。

儿童对写日记比较感兴趣，是因为这是他们独立的完整的写作过程，不需要借助于大人的帮助，充满成就感。尽管如此，美妞在写日记的过程中，还需要家长和老师的大力鼓励。笔者会经常表扬她坚持做一件事，老师也是不遗余力地表扬她。有时候，看美妞的写话本，笔者发现有些句子虽然拗口，虽然幼稚，但是老师却慷慨地写了两个"你真棒！"还画上一个小笑脸，可爱的笑脸给了美妞莫大的力量，好像是老师在冲美妞微笑，夸她真是个会写话的好孩子！于是一遍又一遍地数老师给了多少个"你真棒！"、多少个小笑脸成了美妞每天最大的乐趣。正是在成人的鼓励下，美妞坚持地写一日一句。

三、习作阶段

美妞小学一、二年级坚持写日记为她在小学进入到写作阶段打下了一个较好的基础。下面我们一起来看看美妞在即将进入三年级时的写作情况。

这篇《游黄果树大瀑布》是美妞在小学二年级结束时的暑假写的。

游黄果树大瀑布

大家肯定听过《西游记》里的水帘洞。可真的有水帘洞吗？有！在贵州省黄果树大瀑布的背后就有一个。它是唯一一个可以从四面八方观看的瀑布。今天，我和妈妈一起来到黄果树大瀑布。

因为，黄果树瀑布群是弯的，所以，我刚看到的只是几个小瀑布，我失望极了，可刚拐过弯，我就大喊起来："太美了，太美了！"原来我看见了真正的黄果树大瀑布，太漂亮了，太漂亮了！远看瀑布就像一块洁白的大布从天而降，跌落到染色水塘，溅起蒙蒙的水雾，水雾在阳光的照耀下出现了一道彩虹，像给瀑布穿上彩色的轻纱。瀑布从天而降发出震耳欲聋的声音，就像成千上万只老虎在咆哮。我走啊走啊，走啊走，不一会儿，就到了水帘洞。啊，好美！近看，瀑布像倾盆大雨，雨丝在亲吻游客的脸。

黄果树大瀑布吸引着许许多多的中外游客。连明朝的地理学家徐霞客也来过黄果树瀑布，在那儿还有一座徐霞客观瀑布的雕像呢，你说黄果树大瀑布美不美呢？！

从上面的文字可以看出，美妞已经从一年级写 10 个字左右的日记到能写出 300 多字的游记。随着两年的语文学习，她在文字书写上已经有了很大的进步，能够比较自由地表达自己的意思了。虽然从字数上来说，美妞7 岁时写的《游黄果树大瀑布》与 5 岁时写的《参观麋鹿苑》区别不大（请参见第二章相关内容），但如果从文本内容等方面来分析，前者还是有很大的进步，下面我们对这两篇日记来进行分析。

首先，从主题上来分析，两篇日记都是游记，分别是围绕游黄果树瀑布和麋鹿苑来写的，主题都比较突出，这一方面差异不大。

其次，从词语上来分析，在《游黄果树大瀑布》这篇游记里可以明显看出，7 岁时美妞的词语比 5 岁时丰富了很多，并且这里运用的都属书面语言。

再次，从结构上来分析，虽然都是游记，但美妞在写黄果树瀑布这篇日记时并没有完全按照事件的顺序来写一天，而是抽取了一个场景来进行描写，在场景描写中是按事件顺序进行的，刚开始看见的瀑布—拐弯后看到的瀑布—水帘洞前的瀑布，遵循了由远及近的过程。而她5岁时口述的麋鹿苑那篇日记，则是典型的记流水账式的写字，是按照"早上干什么，中午干什么，晚上干什么"这样的事件顺序来口述的。

最后从两篇日记所涉及的知识经验来说，在黄果树瀑布一文中，她主动提到了《西游记》、水帘洞，提到了明代的徐霞客等，表明其知识结构也更加丰富。在麋鹿苑一文中，虽然也涉及一些知识，但这些知识是转述性质的，即别人讲了什么美妞就复述什么。

有学者把语篇的三大元功能分为概念功能、人际功能和语篇功能。其中概念功能指文本的及物系统，它是"用一套易处理的过程来表达对经验世界的理解"。小学生作文的及物系统分析包括物质过程、心理过程、行为过程、关系过程、言语过程、存在过程以及环境成分。物质过程表示做某件事的过程；心理过程指表现动作实体对客观世界的感觉、认识和反应；行为过程指生理或心理行为的过程，它是由实体的生理反应或心理活动表现出来的；关系过程也就是"是什么"的过程，它表现客观世界中的种种关系；言语过程指用言语形式来谈论某事的过程；存在过程表示实体存在，这一物体可以是人、事、物或状态。如果从及物系统理论来分析美妞的几篇游记，可以发现随着美妞年龄的增长，她的作文在心理过程、行为过程、关系过程等方面都比以前的作文要丰富。[①] 如从心理过程来分析，麋鹿苑这篇游记主要围绕高兴的情感来写，我们看到5岁的美妞只用了高兴这一个词语来提及情感。在黄果树瀑布的游记中，美妞在心理过程方面表达非常丰富、自然，充满了真实情感，用了很多不同的词语，并且我们可以从每个字词里都能感受到她的那种喜悦的感情，文中除了表达高兴以外，还表达了希望、惊奇等多种感情。

通过对上面两篇日记的分析，我们可以很明显地发现经过两年的学习后，美妞的文字表达能力有了明显提高。她初步可以达到较为自由地表达自己思想的程度，表达内容的深度和广度都有了较大的提升。这些都为她

---

① 张燕华：《小学生作文的语言特征、存在的问题及教学建议——基于语言学的分析》，《课程·教材·教法》，2015年第11期，第68—74页。

在小学三年级开始正式学习如何习作打下了良好的基础。

四、写作阶段

三年级以后，儿童的写作能力会有一个大的变化，学校开始要求儿童练习习作，老师会指导儿童如何习作。美妞的写作指导其实也主要由学校老师负责，我们没有给予什么指导，唯一做的就是让她坚持写一些东西，主要就是小学时候坚持天天写日记。每年的寒暑假出去玩，笔者也会要求写游记等来记录。当然在阅读这些日记和游记后笔者会表达自己的感受和一些建议等。下面我们还是通过美妞的一些日记和游记来分析在经过小学几年的习作指导后，儿童的书面表达能力又有了什么样的变化。

成年人与未成年人心理上的区别

经过这么长时间与大人们的交往，我总结出几点成年人与未成年人心理上的区别。第一，成年人对一切事物都习以为常。他们认为世界就应该是这样的，而不会去想世界为什么不能是另外一种样子，假如世界是另外一种样子会发生什么？例如，成年人一定不会去想假如地球上没有人，地球会是什么样子，成年人也不能想假如自己是只兔子，会去做什么。第二，成年人不会做一些"没有意义的事情"。成年人只会去干一些看似有用的事，成年人永远不会发呆，他们认为那是在浪费时间，他们宁愿在电脑、手机、工作上花上一天又一天，一周又一周，也不愿在公园里静坐半小时。第三，成年人总有两重人格，有时还不只是两重，可能有三重、四重。成年人总是爱装，他们在人前从不发表不满，但一回到家或遇到熟人，就开始滔滔不绝，真像是决了堤的洪水倾泻不止，挡也挡不住啊。唉，大人就是难懂。

这一篇日记是美妞六年级的时候写的，题目为笔者后加上去的。从这篇文章中，我们可以看到表达的内容的深度，她表达了儿童与成人心理上的三点区别，虽然有偏激的地方，但确实反映了她的总结和分析。

《论三峡大坝的修建》这篇文章，是笔者在美妞五年级寒假带她去三峡玩时要求她写的游记。美妞没有像以前写游记那样来写这篇文章，而是写成了有点类似于议论文的文章。所有这些都是她自愿选择的结果，没有来自成人的任何约束。

论三峡大坝的修建

一路乘船从重庆沿长江下宜昌，游玩了许多美丽的景点。我们旅途中最后一个景点便是三峡大坝了。

一路上我一直在思索一个问题：到底该不该修三峡大坝？路上也有人在讨论这个问题。大家对这个问题的观点各不相同。有人持反对意见，有人持赞成意见，也有人持中立的态度。我虽然不支持建造三峡大坝，但还是下不了决定，所以打算来三峡大坝瞧瞧，再做决定。

好不容易才到了三峡大坝。我们坐上大巴车一路飞驰，不大会儿工夫便来到了坛子岭。在坛子岭上眺望大坝，我心中暗叹：真宏伟！只见一座高高的楼将大坝挡住一半，但依然大得惊人。一听导游说的那些数字，更是让我瞠目结舌。但关于该不该建三峡大坝，这个问题还是只字未提。

终于，导游开始讲这个让人费解的问题。凡事皆有利当然也有弊，该不该修建三峡大坝，也是如此。但权衡利弊，总的来看，利要比弊多一些。

三峡大坝最大的用处便是防洪。夏季洪水对长江中下游富饶平原来说是一个最大的祸患。修了三峡大坝，人们可以分次放洪水。它的第二个用处便是发电，长江三峡的水极为急，这水可以推动转子转动从而发电。三峡大坝发电站可以一举撑起中国电网。第三个益处就是可以使船只在三峡这段航线上运行更加安全。以前三峡水又险又急，很容易发生事故。修建了大坝之后，水流十分平静，再也不会有惊涛骇浪了。这样的话，无论是中国长江上最大的游轮，还是小型船只，无论是上行还是下行，都可以顺利通过。除了这三大益处外，那些小益处更是不计其数了。

听着听着，我渐渐改变了想法。问题自然也就解决了。三峡大坝该修！

从这篇文章中，我们可以看到11岁的儿童随着年龄的增长，话题越来越有深度，她用到了很多有利的论据来进行说服性的评论。虽然还是写关于旅游的文章，但这已经不是一篇普通的游记。当笔者看到这篇文章的时候，也是有一些惊异，这是美妞第一次写这种形式的游记。如果分析，她为什么会写这样的游记，而不是一般的游记，一定是她想表达自己的观点。从文章中，我们也可以看出，她多次提到一路上大家都在讨论这个问题，她也一直在思考这个问题，简直是欲罢不能的感觉了，所以最后她会在游记中用议论文的方式表达自己的思想。

从5岁时的麋鹿苑游记，到8岁时的黄果树瀑布的游记，再到11岁时的三峡大坝的游记。我们可以清晰地看到，美妞在书面表达中表达内容的深度随着年龄的增长在不断提升。

如果还沿袭我们前面的比较方法，我们把 8 岁时的游记和 11 岁时的游记放一起比较一下。从字数上来看，这篇文章有 600 多字，比 8 岁时的游记数字增加了快一倍，可以看得出，这时的儿童已经非常熟悉用文字来表达自己的思想了。

首先，从主题上来分析。整篇日记都围绕着三峡大坝该不该修而展开，主题非常清晰明确。

其次，从词语上来分析。在这篇日记里，使用的词语与成人没有太大的差异，使用了"有利有弊""权衡利弊""暗叹""一举撑起""瞠目结舌""只字未提"等很多表现了一定深度的词语。而在《游黄果树大瀑布》中，使用的词语更多的是描写场景的华丽的词语。并且写三峡大坝的这篇文章在文体上也具有议论文的特点，非常简练地表达了自己的观点。

再次，从结构上来分析。虽然是篇游记，但全文完全可以看作一篇立论文的结构。首先就提出三峡大坝该不该修的问题；然后一路上都在思考这个问题，写大家对这个问题的看法的陈述；接着提出三个论据，最后明确表明自己的观点——三峡大坝该修。

最后，从情感上分析。由于是一篇议论文的游记，所以没有流露出更多的感情，但给读者留下了客观公正、以理服人的印象。

通过前面的数据分析，我们可以发现，随着美妞年龄的增长，她的作文的句子单位长度明显增加了，句法也更加复杂了。这说明儿童写作水平随着年龄的增长在不断地提高，他们在作文中使用的实词词汇量越大，作文所传递的信息含量越高。[①]

总体上来说，我们通过对美妞三个不同阶段的文章进行分析，可以发现，美妞在小学中高年级使用的句子单位长度明显长于中低年级的句子单位长度，说明中高年级在掌握句法复杂性的长度方面高于中低年级。在句法复杂性的密度方面，中高年级作文的子句密度明显大于中低年级作文的子句密度。一般来说一篇作文的句子单位长度越长，子句密度越大，表明儿童的书面表达能力更强。

在小学阶段学生掌握的句式种类并不多，而且写作体裁也比较单一，因此写作中多以陈述句进行写作。但在美妞的中高年级的作文中，感叹

---

① 张燕华：《小学生作文的语言特征、存在的问题及教学建议——基于语言学的分析》，《课程·教材·教法》，2015 年第 11 期，第 68—74 页。

句、疑问句都有一定程度的运用，感叹句的使用频率不高。一般来说，写作中所用到的句子类别种类越多，句式越丰富，说明儿童的书面表达能力越强。

从句子方面来看，美妞中高年级的作文比中低年级的作文使用的复句更多，复句使用频率高，这表明小学高年级阶段的儿童已经能比较熟练地运用更复杂、结构更多样的句子去写作。

五、小学后阶段的书面表达

下面附上几篇美妞上初中后写的几篇小短文，以让我们对一个儿童的写作表达能力有一个较为全面和完整的认识。小学后阶段的书面表达多体现的特征主要表现在表达的深度更加深入、表达的形式也更加优美，并且开始追求表达形式的多样性。

1. 书面表达的深度更加深入

论文化的复制

世界上有一种东西是不能也不可能复制的，那就是文化。文化是长年累月，在一种环境内形成的，是无法照搬的，即使是在同样的时间、同样的环境内，也会因为人的不同而产生差异。比如北京的大气在上海是不可能产生的，苏州的小巧是在北京也无法产生的。时间也是如此，唐朝的磅礴对宋朝来说是幻梦，大宋的自由在大明朝也是幻想。

可现在竟有人妄想着复制文化——一种不能也不可能复制的东西，尤其在旅游城市，这种现象我深有体会。

众所周知，河南在中国古代的地位之高，是中原傲视群雄之所在。这里的洛阳是九朝古都，夏商东周均在此定都。这里的开封是六朝古都，有着非同寻常的文化底蕴。但时至今日，为了发展经济，一些人想出了复制文化的馊主意。他们在古代原址上建造富丽堂皇的建筑，举行古代的仪式活动，但学得不怎么样，让人看了哭笑不得。这是文化吗？不是，这只是一种自我欺骗、一种掩耳盗铃罢了。

文化绝不是一栋建筑，那是任何地方都可以建的。文化不是一段表演，那是任何人都可以学的。文化是一种情感，是很多人对一件事物的不同的情感；文化是一种气质，是很多人的气质，一种与众不同的气质。

建筑与表演只是一种文化的表象，是可以随便复制的，但情感和气质是内在的，这文化便交织在其中。一栋建筑的文化是：它的居民对它的情感。而一段表演的文化是：它的表演者的气质。但这是永远无法复制的。

文化是不能也不可能复制的，文化只可以保护。

美妞的这篇文章，同样也是一篇类似游记的文章，这是她在初中寒假去河南旅游后写的。只是从这篇文章中，我们已经看不到熟悉的那种游记的味道。这篇文章中我们看到美妞能够就一个特别的话题进行深入写作的能力，在文章里她就文化的复制深入地表达了自己的观点。在文章中可以看到她对材料的组织更具有综合性，能够对材料进行深入的比较，也能够就材料发表出自己具有个性的、综合性的评论。从这篇文章可以看出美妞初中时期的作文与小学时期的作文有了很大的区别。这些区别说明儿童的思维能力在快速发展，她具有了较强的分析和判断问题的能力，也具有了一定的创造性思维。

2. 书面表达中开始运用形式的美

作文，作为思想情感的载体，离不开形式美的支撑。形式美，涵盖了文章的结构布局、语言节奏、修辞手法等多个层面。

花香与远方

男孩生活在一个偏远的小镇上，小镇中弥漫着鲜花芬芳。

男孩热爱花。他喜欢花儿娇艳的花瓣，喜欢花儿亭亭的花茎，更喜欢花儿浓郁的芬芳。男孩的父母却讨厌花香，男孩的朋友也讨厌花香，男孩身边的人都讨厌花香。他们眼里只有远方。男孩的朋友陆续离去，去往远方。男孩总目送着他们的背影，轻轻叹口气，又来嗅他的花香。

一天，男孩的父母告诉男孩："你不能在这里天天摆弄你那些花，男孩子都应该去远方，去闯荡!"男孩只好背起行囊，嗅最后一下花香，然后走向远方。

但男孩很彷徨，哪里是远方？

男孩跟随鸿雁的翅膀，他看见了巍峨的太行。太行直冲云霄，像世界的帝王，男孩坐在山石下方，静静凝望。心中渐渐盈满失望。这里不是远方。男孩想起了花香。

男孩追逐着狂风的衣裳，他遇见了寒原的冰霜。寒原的广旷令他难以想象，枯草在雪盖下挣扎。还有那巨大的草原狼，在高唱引吭。男孩抖得如同筛糠，一切都让他怕得发狂。在风霜中，男孩仿佛嗅见花香。

男孩追赶着奔腾的大江，他望见了繁华的大港。庞大的船只来来往往，成千上万的集装箱色彩那样明亮，广博的大海反射着阳光。男孩看呆了，他突然好慌，他知道这里也不是远方。四周无比喧闹，男孩却似乎闻见花香。

男孩和着驼铃的铃声，凝视着大漠的夕阳。男孩伴随不断的车辆，见识了城市的轻狂。男孩闯了天涯，访了海角，哪里有远方？

男孩的睡梦中都浸着彷徨。

他在梦乡，细嗅着芬芳。

男孩鬓角染了白霜，他尝遍沧桑。

男孩终将一切放下，去寻找远方。不知是心还是双脚，竟带男孩回到小镇上。

打开的不仅是屋房，还有回忆的香。连墙纸都泛了黄，但是依旧弥漫着鲜花的芬芳。靠着后院的老墙，抚着松软的花床。男孩嗅着花香，忘了彷徨。

花香深邃悠长，像细雨中的小巷。这原来就是远方。哪里有热爱，哪里就是远方。

原来，他一直寻找的远方，就在他最牵挂的地方。

在文学话语系统中，"隐喻"不仅仅是一种修辞方式，更是一种文学创作手法。美国学者乔纳森·卡勒在《结构主义诗学》一书中认为："隐喻是两个举隅比喻的结合：它从一个整体移向其中的一个部分，再移向包括这个部分的另一个整体，或者，它从一个具体物体移向一个一般类属，然后再移向这个类属中的另一具体物体。"[1]他说的隐喻包含象征、比喻等手法。陈望道早在 1932 年就指出："凡是成功的修辞，必定能够适合内容复杂的题旨、内容复杂的情境，极尽语言文字的可能性，使人觉得无可移易，至少写说者自己以为无可移易。"[2]这说明，修辞手法的运用要符合内容和语言表达的情境。从美妞的这篇文章中，我们看到她使用了隐喻的方式，包含比喻、拟人、夸张、排比、对偶等修辞手法，运用得还是比较恰当。

3. 书面表达的形式开始多样

记叙文一直是中小学写作的主要文本类型。小学会学习如何写说明文，到中学的时候，会学习如何写议论文。美妞小学五年级时写的《论三峡大坝的修建》，在我看来具有一些议论文的特点。美妞在初中的时候，还尝试了戏剧文本的表达方式。下面所附的内容是节选自她所创作的戏剧

---

① （美）乔纳森·卡勒，盛宁译：《结构主义诗学》，北京：中国人民大学出版社，2018 年。

② 陈望道：《修辞学发凡》，台北：文史哲出版社，1980 年。

文本中的一小节内容。

第二场

地点：襄阳将军家

时间：下午

人物：逃难到襄阳的宋超将军（下称 A）

　　　士兵

　　　蒙古人若干

［幕启］

［A 在桌前读书、眉头紧锁，桌上一盏油灯，屋内简陋。］

［士兵上］

士兵：（慌张）是将军大人吗？

A：（放下书）是我，有事吗？（不耐烦）

士兵：知府大人让我来叫您。（低头）

A：（严肃地）好，我一会儿就去。

［士兵下］

［A 来回踱步］

A 唱：蒙古人，我们宋人和你们何怨何愁？（愤慨）

［回忆］

［光线变暗，烈火焚烧］

［几个蒙古人，押着一队宋人过。其中一个跌倒，站不起来，一个蒙古人殴打他，那人发出哀嚎。一个男孩躲在墙后哭泣。］

［回忆结束］

［光线变亮］

［A 在椅子上坐下，叹气。］

［落幕］

　　"戏剧，是一种运用文学、舞蹈、表演等艺术手段塑造人物形象、反映社会生活的综合性的舞台艺术。戏剧文学，即是供演出用的剧本或脚本。"① 戏剧的基本特征主要表现在它的外在形式上，也就是它的语言形式方面。戏剧剧本中存在着两种语言形式：一种是人物语言，即人物的台词，这是剧本的主体，主要用以表现人物性格，孕育戏剧冲突，推动情节发展。另外一种是舞台提示，主要是对人物的言语动作、内心活动、上场

---

① 翁世荣：《文学写作教程》，上海：华东师范大学出版社，1984 年。

下场等的舞台说明，还包括对故事发生的时间、地点等方面的交代，其并不会在舞台上以话语的形式表现出来，属于戏剧剧本的"形式"层面。在中学的语文教材中，也有一定比例的戏剧文学的文章。平时美妞很喜欢观看戏剧，也喜欢阅读剧本。这是她初中时写的一篇文章，运用了戏剧的写作形式。从上面的内容可以看出，她能较好地控制剧本中基本的人物语言和舞台提示。

从上面的三个案例看出，这个时期她写的文章和小学时候写的文章有了很大的区别，无论是文本表达的深度还是表达形式的多样性等，都有了很大的进步。这说明这个时期的儿童（青少年）已经具有了较高的文本创造能力、较强的思想性，也因此具有了个性化的特点。同时从三篇文章也可以看到小学后的儿童，词汇的发展已经到了一个很高的程度。词汇是语言最基本的要素，词汇量的大小与写作水平/能力紧密相关。从这篇文章也可以看出初中生的词汇的丰富性。

通过美妞表达能力培养过程的几个阶段的回顾，特别是结合分析了几篇有代表性的文章，我们可以在某种程度上感受到儿童在表达上的心理发展阶段。

儿童的表达能力是逐步发展的。在我们大部分人的思想认识中，儿童是从三年级才开始学写作文的。但其实老师们都知道儿童一、二年级开始的看图说话等其实都是为儿童写作能力打基础。所以儿童写作意识绝不是从小学三年级才开始有的，我们认为也不是从一、二年级才开始的，儿童写作意识最早其实从知道书是什么的时候就开始萌芽了，培养儿童写作意识可以从儿童学习口语表达的时候就开始进行了。儿童写作的过程与口语表达的过程其实就思维来说是一样的，写作就是多了一个过程，需要把心里想的内容通过文字的形式记录下来，就是一个"我手写我心"的过程。在这一过程中，作为成人，需要给儿童更多的鼓励和帮助。不要让儿童觉得这是一个很大的负担，儿童只需要学会熟练地掌握书写，书面表达的能力就会随着口语表达能力共同发展。但在现实中，为什么很多孩子害怕写作，在于他们没有看到这两者之间的联系，成人没有很好地把儿童的口语表达和书面表达进行衔接。

第五节　利用读者意识引导儿童习作

在上一节中，我们通过介绍美妞学习书面表达的过程，从纵向上对儿童书面表达能力的发展进行了描述和分析。在这一节我们将走进儿童写作的心理世界，继续就儿童写作中的读者意识的问题，深入探讨儿童是如何写作的。

在写作过程中应该让儿童明确"为什么写作""作文写给谁看"。如果成人在这一方面做好了引导，儿童在写作时，将在一定程度上降低难度。笔者在陪伴美妞写作的过程中，有意识地利用读者意识来指导她的写作，取得了较好的效果。

"为什么写作""作文写给谁看"就是人们经常所谈到的读者意识。所谓"读者意识"，就是作者在写作中关注读者信息。"为读者而写"，这一观点早已成为写作者的共同追求。

一、刚入学的儿童有读者意识吗？

一些人可能会认为，刚入学的儿童在习作时是没有读者意识的，或者是可以不要读者意识的。因为低年级儿童的习作与一般意义上的写作虽然有所区别，但实际上，与成人写作一样，低年级儿童的习作也是用文字"表达"和"说出"自己的想法，也是为了与人"交流"与"沟通"。笔者在对美妞的观察中发现，儿童本身是具有读者意识的，哪怕是学龄前的儿童都具有较强的读者意识。通过下面的例子我们可以发现这点。

2009 年 9 月 7 日（美妞 6 岁 3 个月）

刚入小学的美妞这两天沉浸在上学的快乐中。

妈妈："美妞你好久没有写口头作文了吧？"

美妞："嗯，今天我想写一篇'我上学了'的口头作文！"

妈妈："好啊，还跟以前一样，你口述，妈妈记录。"

美妞："好的，妈妈，你等等，让我想想。"

美妞想了一会儿后，说："妈妈，好了。"

美妞："昨天，我去学校上课了，老师还夸我了，因为我排队排得快。老师还表扬了我好几次，我忘记是什么原因了。我觉得上学很快乐，因为特别自由，而且上小学还可以学到更多的知识。比如说，体育课可以让我们学各种各样的体育游戏。还可以上美术课，还有各种各样的课，我都很喜欢。"

妈妈："还有吗？"

美妞："我还很喜欢学校的环境，好多树呢！绿油油的一片，后面全都种着树。我们学校还是绿色学校呢！小朋友们都不随便扔垃圾，都扔到垃圾桶里。学校很自由，因为上小学下课有10分钟，中午可以自己安排。比如说，可以去操场上玩，在操场上追逐、游戏，就好像是奔跑的小鹿。我们学校操场特别大，有200米，我还绕着操场跑了一圈，那是大操场。小操场特别小，周围有栏杆。体育课也在那儿上。学校里的老师不会嚷你，要是你做不出题目，老师也不会凶你，老师会告诉你方法。"

妈妈："不错，美妞，我们一起来看看你刚刚说了几件事——环境；建筑；活动、吃饭、上课、课间休息；老师、同学；心情。你主要是从学校的建筑、环境、活动，上学的心情以及师生五个方面来写的。你觉得每一方面都写具体了吗？你觉得有什么不足吗？"

美妞："我觉得要写一个事情就应该把这个事情说清楚、说具体，不能东一下、西一下。妈妈，我能不能重新说一遍？"

妈妈："好的。"

美妞："我们的学校是××××××学校，你一进学校的大门，便可以看到一片宽阔的平地，你可以看到学校的操场，平地的旁边围着房子，再往里走，就是我们小学的教室，进去以后，一直走到头就是我们班了。我是一年级四班的同学——赵美妞。小学部的前面是花园，花园里环境特别好，中间立着一个金色的乌龟，它站在树桩上，戴着奖牌，把两只手举起来，前面还躺着一只兔子。花园里绿油油的，有一个小亭子，我们可以去那儿玩。我们的食堂在校门口旁边的一栋房子里，食堂里面的桌子和椅子与我们家里的不一样。我们一年级学生不在窗口打饭，因为够不着，有一个专门为一年级学生准备的地方，有叔叔阿姨专门为我们服务。每样菜都给你打一点儿。只有小点心让你自己挑。我们学校是绿色学校，小朋友们都不乱扔垃圾。上课时，我们都坐在自己的椅子上，我们是两个桌子摆一起，形成一个小组，男孩和女孩共坐一组。上课时，老师站在讲台上。上课的时候与幼儿园也不一样，我们是手搭着手叠在一块儿，脚不踩凳子，也不能占别人的位置。学习完了以后，老师会教我们做操，课间休息和中午是我们最喜欢的时候，因为我们可以自己安排。我们班的老师很温和，但当我们做得不好时，老师也会很严肃地批评我们。我觉得上小学很开心。"

妈妈："真棒！你觉得你口述的第一遍好还是第二遍好？"

美妞："第二遍好。"

妈妈："那你觉得第二遍好在哪里？"

美妞："我在说第二遍的时候，就好像我带着你去参观，我一边走，一边说，好像你就在我身边，我给你介绍。所以我介绍得比较清晰。第一遍我是想到什么就说什么，比较乱。"

妈妈："所以，妈妈告诉你，以后再口述文章的时候，一定要注意，你是在和别人交流，就好像有人站在你身边听你说一样，这样你就要想清楚，怎样才能让别人听懂、听明白你所说的内容。"

从上面的例子中，我们可以看到即使是刚入学的儿童也是有"读者意识"的。当美妞第二次介绍学校的时候，她说就好像她带着笔者去参观，好像笔者就在她身边。正是因为有了读者意识，她开始知道应该如何介绍是更合理的了。所以说"读者意识"在写作过程中的作用是潜在的、独特的、不可缺少的。一个具有强烈读者意识的作者必然会关注他心目中的读者，并努力使作品从材料选择到语言表达都能为"理想的读者"所认可和接受。家长在指导儿童写作时，应该唤起儿童的读者意识，这样就可以唤起他们的表达动机，点燃他们的表达欲望，他们将不会觉得写作文是非常困难的事情，他们会觉得写作文就是"我和你交流意见"那样简单。

学生在作文中频繁使用"我"，究其原因是儿童写作的过程正是日常生活中将他们与别人的对话内化的过程。这表明儿童是具有读者意识的。

我们在分析美妞的文章时，发现美妞的作文中，经常有诸如"告诉你们吧""如果你"这样的字句。这些进一步说明了，低年级儿童已经具有读者意识。老师和家长在指导儿童写作时，应该唤醒儿童的读者意识。遗憾的是在现实的小学作文教学中，成人们过于关注对写作技巧和方法的培训，而缺乏对儿童写作心理的关注。

来到"意大利"

在中国有一个"意大利"，你知道在哪里吗？告诉你们吧，就在离北京不远的天津市区，名叫意式风情区。你知道这个小小"意大利"的历史吗？让我给你们讲讲吧！……

我心目中的小豆豆

同学们，如果你看了《窗边的小豆豆》这本书，你会说小豆豆像我。因为，我像她一样调皮、可爱……

这两篇作文都是美妞三年级的作文。第一篇是美妞参观天津的意大利风情区后写的。第二篇是她看完《窗边的小豆豆》一书后写的读后感。从这两篇作文中，可以很清晰地感觉到在她的文章里有很强的读者意识，从用词中可以发现她在写作时，就好像是在向同学、朋友诉说着一些事情。在美妞的日记和作文中，"告诉你们吧……""如果你……"这样的句子比比皆是。

低年级儿童如果具有很强的读者意识，可以唤起他们的表达动机，点燃他们的表达欲望，他们将不会觉得写作文是非常困难的事情。这也就是为什么美妞从来不觉得写作文没有意思的主要原因，而实际上美妞是一个非常典型的不喜欢写字的孩子。同时，低年级儿童如果具有读者意识，能使他们在写作时更多地关注读者，其写作水平也会因此得到提高。低年级儿童的写作意识是天生存在的，只要老师和家长予以重视并巧作引导，这种"读者意识"是很容易培养的。

二、利用读者意识引导儿童写作，使儿童有话可说

习作中的读者意识是指作者站在读者的角度写文章，作者在写这些作品的时候，主动地转化一种写作视角，即试着从读者的角度出发，去揣测、想象、推敲读者的阅读兴趣。

从上述的例子中我们可以看到，即使是刚入学的 6 岁儿童也是具有读者意识的，如果成人予以重视并巧作引导，低年级学生的"读者意识"是不难激发和培养的。儿童在写作时考虑读者的需要，并设法迎合读者需要的心理因素，将会使他们的习作水平得以提高。因为一个具有读者意识的作者必然会关注他心目中的读者，并努力使习作都能为"想象中的读者"（老师、同学或家长）所认可和接受。"读者意识"在写作过程中的作用是潜在的、独特的、不可缺少的。将读者意识融入低年级习作教学，可以提高习作教学的有效性，具有一定的实践应用价值。

现在很多孩子在写作时不知道写什么，不一定是因为生活经验缺乏而导致的素材缺乏，很大程度上是因为他们不知道跟谁说，写给谁看。当然儿童不一定知道这些道理，他们不知道是该写给老师看，写给小朋友们看，还是写给其他什么人看，也就是说缺乏针对性。如果他们有了自觉的读者意识，明确为谁而写，写作文时就不会不知道写什么了。如美妞在第一遍口述上学第一天的作文时，她没有意识到是带着别人参观，所以她是想到什么就说什么，因此就比较乱了。当第二遍口述的时候，她开始想象着是带一个人到校园参观，那个想象中的来参观的人就是她心目中的读者，所以我们就可以很明显看出来，她知道是针对谁在说话，于是该说什

么，怎么说，也就自然明白了。

一些学生的写作水平较低，存在记"流水账"的问题，是因为缺乏读者意识。读者意识反映作者自我中心的程度，越成熟的作者越能考虑读者阅读自己文章时的感受。部分小学生在写作文时，较少考虑作文是写给谁看的，哪些应该写下来，哪些应该删除，哪些应该详写，哪些应该略写，没有读者意识的作文就很容易写成"流水账"，丧失写作的意义。

儿童在写作的时候，如果激发和利用他们的读者意识，他们在写作过程中就会很自然地表达出自己的见闻、体验、感受和想象，而不会限于在习作中有大量的套话、假话、大话，儿童的写作才会充满了生命力。在美妞下面这篇《飞走的图书》习作中，我们看到儿童在写作时有很明确的读者意识，她在写的时候是想到了她的同学们，因此借着图书的口吻表达了自己的真实感受和体会。

《飞走的图书》是美妞 8 岁读小学二年级时写的一篇想象作文，体现了较强的读者意识。

飞走的图书

在二(4)班的图书角到处都是掉了页的书。一天晚上同学们回家了，老师也走了。教室里静悄悄的，忽然响起一个细小的声音："今天又有一个同学在我漂亮的脸上画来画去，现在我一点也不好看了。"原来是一本图画书在说话。接着大家都说起自己的遭遇。一本书说："我的衣服也没了。"一个粗壮的声音说："我们得给二(4)班同学一点颜色看看!"大家听了连连点头。一本书说："我们不让他们看了，我们走吧!"其他书异口同声地说："对! 我们走吧。"于是它们在那个夜晚蹑手蹑脚地飞走了。

第二天，同学们惊奇地发现教室里的图书不见了。同学们你一言我一句地争论起来，不一会儿教室里就乱哄哄了，连早读都没读。一个同学说："一定是因为我们太不爱惜书吧，所以它们离开了我们!"这时躲在隔壁教室的图书听见了同学们的议论，就趁同学们上课的时候，悄悄地飞回来了。下课了，大家抬起头发现书又回来了。从那以后二(4)班同学们再也不敢不爱惜书了。

美妞之所以能写出这么生动有趣的作文，笔者猜想一定是因为她平时在班级里看到了图书角乱糟糟的图书。她一直很喜欢图书，经常担任班级里的图书管理员，作为班级图书管理员，她一定有很多心里话要对同学们说，于是她借着图书的口吻，说出了自己的想法。如果儿童在习作时，能够利用读者意识，一定不会觉得无话可说的。

三、如何在写作中激发和培养儿童的读者意识

1. 习作前，通过说话练习唤起儿童的读者意识

低年级儿童习作能力与他们听说读写的能力是息息相关的。因此对于习作能力的培养一定要遵循语言发展的规律来进行。写作就同说话一样，也只是一种交流的方式。当儿童在听说读写方面积累到一定程度时，写作就是一件水到渠成的事情，即把自己想说的话写出来而已。因此在指导低年级儿童习作时，有效地利用说话练习，可以在习作中取得很好的效果。将口语交际与习作结合，是从说到写的自然过渡，从有的说，到有的写。

说话是说给别人听的，是有听众的，儿童在说话练习中，因为有听众的存在，所以会觉得有话可说。写作也是一种交流方式，只是这种交流中的听众是读者，是在作者面前缺席的、隐形的。在习作教学中，我发现习作前的说话练习，使儿童产生了交流的欲望、表达的欲望。在说话练习的基础上再开始习作，在很大程度上降低了习作的难度。儿童会觉得习作就是要把自己想说的话、刚刚说出来的话写出来而已，也降低了低年级儿童对于习作的恐惧与厌烦心理。说话练习中因为听众的存在，有利于儿童"听众意识"的形成，这种听众意识其实就是习作中的读者意识。

2. 习作中，尊重学生创作的读者意识

作文是语文学习的一个重要组成部分。它是把自己看到的、听到的、想到的内容或亲身经历的事情，用恰当的语言文字表达出来的书面语言活动高级形式。因此，习作既是写孩子们自己想写的，又要有教学中的一定之规。如果完全按部就班，开头必须这样，结尾必须那样，是不符合小学语文课程标准要求的，也泯灭了孩子们张扬的个性；但如果文章无一定顺序，无详略可言，也不能称为好作文。有一定之规，又不墨守成规，是成人在指导学生习作中应持有的宗旨。

总之成人在指导儿童习作时，一定要明确对儿童的要求，使儿童明白写作有一定规矩和要求。同时成人又应注意，关于儿童习作的内容、体裁等则遵循儿童的个性，发挥儿童的读者意识。成人在习作教学中应让儿童自己思考和决定写作的角度、写作的题材和喜欢的表达方式。成人在指导学生习作时，应该给儿童一些自由的空间，这些自由的空间往往会导致小作者基于对读者信息需要的关注而进行构思和创作，长此以往儿童的读者

意识就得以提升。

3. 习作后，通过反馈使儿童强化读者意识

儿童写完作文，无论如何成人都要及时给出反馈。习作后的反馈对于提高儿童的读者意识特别重要，也许这种效果不会立竿见影，但却是潜移默化的。成人在给儿童反馈的过程中，其实充当了读者的角色，与儿童进行了交流，这种交流会促使儿童读者意识的提高。例如，美妞在口述她的上学第一天的作文时，正是笔者作为读者的反馈，让她意识到了，到底应该如何给别人介绍自己的学校。

如果儿童能在习作时更多地关注读者，可以有效地增强儿童习作的构思能力。而一旦他们的习作获得他人的评价，他们就会从中发现自己习作的成功与失败的原因，还会在下一回的习作中进一步思考要怎样写得更好。儿童的作文水平就会因"读者意识"的影响而慢慢得到提高。

第六节　为什么儿童写作常常用"今天"开头

在上一节中，我们分析了儿童写作中的读者意识，走进了儿童写作的心理世界，这一节，我们继续探讨儿童写作的心理世界，从知识叙述和知识转换的视角来分析儿童是如何进行写作的。

一、儿童是如何实现从知识叙述阶段向知识转换阶段过渡的

(一)知识叙述阶段

低年级儿童刚开始写作时，大都处于知识叙述阶段。所谓知识叙述就是指从记忆呈现的角度来陈述，即告诉读者什么。[1] 低年级儿童刚开始写作文的时候，会习惯根据作文题目，把他所想到的与这个话题相关的东西按顺序写下来。这就是为什么儿童在刚开始学写作的时候总是容易写成流水账，这与他们的认识方式是相通的。这个阶段的低年级儿童对于事物的叙述也是非常简短的，主要是因为工作记忆容量的限制，儿童在写作时，没有更多的空间让他们更有效地表达自己的信息。

美妞在这一阶段的写作中，大部分内容都是对自己一天的活动进行描述，尤其是在一、二年级的日记中，几乎所有的日记都是以"今天"作为开

---

① （美）特里萨·M. 麦克德维特，（美）珍妮·埃利斯·奥姆罗德：《儿童发展与教育》，北京：教育科学出版社，2007 年。

头的。在美妞的这篇《公共安全馆参观》一文中，她对自己一天所经历的事情进行了流水账式的记录。通过这篇日记，我们可以发现美妞在一年级的写作中处于知识叙述阶段。

公共安全馆参观

今天我和陈××来到公共安全馆。我们一进来，就看见一个机器人，只要你和它说话，它就会回答。接着往里走，你可以去体验当警察的乐趣。你可以按红灯按钮，红灯就亮了。你就可以检查有没有不守交通规则的人。往前走，看到一个能转的车，每转一下，都会出现一个大屏幕，屏幕上介绍了一些交通知识。我们还体验了在空中失重的感觉，在空中人总是东倒西歪站不直。后来，我们还体验了地震，因为我们太小，没有体验震动，只体验了声音和情景。我们还体验了火灾，学会了系逃生结、正确的逃生方法。我们还当了一回消防员。我们还学了正确的救生方法。参观公共安全馆真有意思。

(二)知识转换阶段

随着年龄、经验和能力的提升，一些儿童开始有了新的观念，即写作不是为了把想法放到纸上，而是让读者理解自己的想法，这就是知识转换。知识转换是指作者能根据不同的读者对象选择不同的表达方式，而不仅仅是对事情的叙述。[①] 处于知识转换阶段的儿童写作时，开始更多地考虑读者的需要，开始尝试写出生动有趣、描述清楚的作文。

美妞从二年级开始，大部分作文基本还是流水账式，知识叙述较为明显，如一般都会是按照事情的发展来叙述作文，但是也可以在作文中看到她开始向知识转换阶段过渡。她在写作时开始考虑读者的需要，考虑怎样让文章生动有趣，让读者喜欢读自己的文章。我们通过对美妞1—3年级的所有作文和日记进行分析，发现她在向知识转换阶段过渡的过程中，在三个方面表现比较突出。下面分别对美妞的这三个方面的情况进行分析。

1. 文章的标题

从下面表格中所列出的文章的题目中，我们可以明显感觉到美妞三年级的作文在题目上要比一、二年级的生动、有趣得多。（所有作文题目均为美妞所定。）一年级的作文题目更多侧重对事情的叙述，如叙述自己去干什么事情，学会了什么。三年级的作文题目，能让我们很明显感觉到她有

---

① （美）特里萨·M. 麦克德维特，（美）珍妮·埃利斯·奥姆罗德：《儿童发展与教育》，北京：教育科学出版社，2007年。

意识地对作文题目进行过加工，特别是学会了运用引号。二年级的作文题目中只有《飞走的图书》一文是有过加工，其他五篇基本上都是基于事实的叙述性题目。特别有意思的是，美妞在一年级和三年级都写了一篇"我学会了"主题的作文，同样是写学会了什么，一年级她的标题是《我学会了游泳》，而三年级她的标题是《我学会了"点石成金"》。

表 1 美妞 1—3 年级作文题目比较

美妞一年级的作文题目	美妞二年级的作文题目	美妞三年级的作文题目
我的小兔子	游黄果树大瀑布	来到"意大利"
沙漠游记	飞走的图书	走进"基辅"号
草原上那一天	桂林山水甲天下	我学会了"点石成金"
蒙古草原	暴雨	用光做的"蓝色港湾"
我学会游泳了	煎鸡蛋	冰上"汽车"
参观公共安全馆	凤眼莲	我是"小老外"

笔者在看到美妞的《我学会了"点石成金"》这篇文章时，感到非常有意思和好奇。这篇文章本来是记叙她在寒假学会了废物利用的事情，而她选择了"点石成金"这个成语来形容如何变废为宝，非常有新意和吸引人。为此，笔者曾就这篇文章的题目与她有过交流。

妈妈："为什么想到用《我学会了'点石成金'》这个题目，而不是用《我学会了废物利用》这个题目？"

美妞："因为废物利用就好比点石成金，把废物石头变成了有价值的金子。"

妈妈："你的想法很好，只是我很好奇，你为什么要用这样的题目？"

美妞："我想让我的作文题目与众不同，这样才能吸引读者的注意啊！"

从美妞三年级的这六篇作文题目可以非常明显地感觉到，美妞对于文章的标题，刻意地去追求新意、追求有趣，开始有意识地为了实现让读者喜欢这个目标而进行努力。

2. 文章的开头

在美妞的写作由知识叙述向知识转换阶段过渡的过程中，她除了在文章的标题上开始追求新意、吸引读者以外，在文章的开头部分也开始进行一些有意义的尝试。比如她在二年级暑假的时候曾写过《早市》和《青岩古镇》两篇作文，这两篇文章的开头非常有意思。在《早市》一文中她是这样写的："'大西瓜，大西瓜，又甜又沙，不甜不要钱，快来买呀！'在一声声的吆喝声中，我们走进早市里。"笔者对于这篇文章的开头，与她曾有过对话，请看下面的记录。

妈妈："你为什么一开始就写'大西瓜，大西瓜，又甜又沙，不甜不要钱，快来买呀！'这样的早市里的吆喝声，而没有从描写早市的其他事情，比如你所看到的内容开始呢？"

美妞："我觉得这样会比较有趣，别人看了会觉得有意思。同时这样也形容了早市的热闹。"

如果说美妞在写《早市》这篇文章时，以一声吆喝作为文章的开头还属于比较常见的话，那么她在贵州旅游时写的一篇《青岩古镇》就更加让我们为她的这种追求而兴奋了。她在写《青岩古镇》的时候是这样开头的。"'快，追兵快赶上来了。'我仿佛在青岩古镇上看见了历史的长河。"美妞的开头是从假想中的一句"快，追兵快赶上来了"来形容曾经处于军事交通要塞的贵州青岩古镇。连我们也为她的这种穿越时空的想象力而叫好，于是问她为什么要这样写。美妞回答说，因为这样写会很容易吸引读者，读者会很高兴看这篇文章。从中可以看出她在写作的时候开始有了考虑读者的想法，这是一个很大的进步，表明美妞在写作时开始有了由知识叙述向知识转换的过渡的意识。

美妞在写文章时，为什么会有这种吸引读者的意识，是什么时候开始有了这种意识呢？笔者想起了美妞在二年级下学期的一件事情，笔者给美妞买了一对珍珠鸟，为了让她对珍珠鸟有更多的了解，笔者和她一起看了冯骥才写的《珍珠鸟》这篇文章。其中美妞和笔者有这样的对话。

美妞："妈妈，他怎么写这篇文章的时候一来就是'真好'两个字？"（冯骥才的《珍珠鸟》一文开头："真好！朋友送我一对珍珠鸟，我把它们养在一个竹条编的笼子里。笼子里有一团干草，那是小鸟又舒适又温暖的巢。"）

妈妈："这样不可以吗？"

美妞："我从来没有看到过这样的开头，好奇怪啊！"

妈妈："你喜欢他这样开头吗？"

美妞："喜欢。"

妈妈："为什么喜欢？"

美妞："因为一下子就吸引住我了，我想知道什么事情真好。"

妈妈："对啊，写文章就是这样，是你在与读者交流，你要让别人喜欢看啊，想读完啊，就得有吸引别人的地方。而不是像你写文章和日记，所有的开头都是从'今天'两个字开始。"

笔者分析美妞之所以能在《早市》和《青岩古镇》两篇作文中，运用独特的开头语，在于笔者与她关于冯骥才的《珍珠鸟》一文的讨论。通过这一次谈话，美妞认识到在写作的时候，应该从读者的角度来考虑。

通过以上对美妞写作的介绍，我们可以看出，美妞作为一个三年级的学生，她已经处在由知识叙述向知识转换阶段的转换过程中。虽然她还没有完全很好地掌握从读者的角度来写文章，但是我们可以欣喜地看到她已经开始有写文章时应考虑读者的意识了。

二、如何促进儿童从知识叙述阶段向知识转换阶段过渡

通过以上对于美妞写作情况的描述和分析，我们认为为了促进低年级儿童写作由知识叙述向知识转换阶段过渡，家长和老师在指导低年级儿童写作时，可以运用参考以下观点。

1. 确定儿童的读者意识，有利于向知识转换阶段过渡

在我国的作文教学中，教师更多关注的是"如何指导孩子写什么"和"怎么写"的问题，而很少关注"为什么写"的问题。如果儿童在写作中没有建立为什么要写作的意识，将给儿童的写作带来困难。儿童如果缺失读者意识，就不知道写给谁看，没有交流对象，就不会明确自己的写作目是什么，因此也就难以激发他们写作的动力和热情，最终也就难以养成认真写作的习惯。

儿童需要建立为什么要写作的意识，也就是需要建立读者意识。写作是运用书面语言进行表达和交流的重要方式，通过写作把自己的思想、情感等记录下来，可以与别人交流自己的观点、想法，可以记录一些重要事件。"读者意识"，即"为读者而写"。"读者意识"在写作过程中的作用是潜在的、独特的、不可缺少的。一个具有强烈读者意识的作者必然会关注他心目中的读者，并努力使作品从整体构思到细节设计，从材料选择到语言表达都能为"理想的读者"所认可和接受。

2. 作文之前的交流，有利于孩子写作转换

儿童写作能力的发展与儿童听说读写的能力是息息相关的。写作能力

的培养贯穿在听说读写的过程中，因此对写作能力的培养一定要从语言的整体性来考虑，不能单纯地从书面写作的培养来提高孩子的写作能力。很多孩子阅读、口语能力较强，相对来说也更容易在写作方面取得成功。同样写作能力发展不够好的儿童，可能在口语、阅读等方面存在障碍。因此对于写作能力的培养一定要遵循语言发展的规律来进行。当孩子在听说读写积累到一定程度时，写就是一个水到渠成的事情，即把自己想说的话写出来而已。而要达到这样的效果，需要老师和家长让孩子明白，写作就同说话一样，也只是一种交流的方式。写作的本质是交流，从认知心理学和建构主义心理学角度看，写作实质上就是一种运用书面语言、针对明确的或假想的读者进行有目的、有意义的建构和交流活动。

因为说话这种方式有一些缺陷，说过的话容易遗忘，所以就有了写的方式，把想说的话写出来，这样就能保留住说过的话。让儿童明白写作就是把自己想说的话记下来，不要割裂写作与口语表达之间的关系。

因此老师和家长在指导低年级儿童写作时，可以有效地利用说的方式，让孩子就这个题目先来说一说，孩子往往都会比较有话可说。如果孩子没话可说，家长可与孩子进行讨论交流，老师和家长可以采用头脑风暴法来帮助他们。如老师、家长与孩子探讨，根据这篇文章题目想到了什么，如果要写，这篇文章可以怎样写，可以从哪些方面进行构思，可以选择哪些材料，等等。通过这种头脑风暴式的讨论，促进低年级儿童由知识叙述向知识转换阶段过渡，提高儿童作文构思的能力。儿童有了对于写作的构思，其作文水平自然得以提高。

3. 阅读和赏析，有利于儿童向知识转换阶段过渡

在培养儿童写作时，还可以让儿童多阅读。这是一条亘古不变的真理。正所谓：熟读唐诗三百首，不会写诗也会吟。阅读的内容主要可以分为两类：优秀经典的文章和不成功的文章例子。通过阅读优秀经典的文章，可以和孩子讨论为什么这篇文章好，好在什么地方，正如笔者和美妞探讨冯骥才的《珍珠鸟》一文那样。阅读不够成功的文章，可以和孩子讨论为什么这篇文章不成功，应该如何修改。其实在这些阅读和评价的过程中，还是利用了孩子的读者意识。凡是写得好的文章，都是很好地考虑了读者的需求，而写得不好的文章，则可能是因为没有考虑读者的需求。因此就一些现成的文本来进行讨论，也可以促进儿童在写作中由知识叙述向知识转换阶段过渡。

第七节 家庭如何帮助儿童提高写作能力

前面几节的内容，我们分别从不同的理论视角，通过美妞不同的写作故事，分析和探讨了儿童写作的心理世界。儿童的写作心理非常复杂。我们希望这些分析和探讨能让我们真正走进儿童写作的心理世界。只有我们真正懂得儿童写作的心理，我们也才能为提高儿童的写作能力寻找有效的策略。关于家庭如何帮助儿童提高写作能力，我想说的是，当儿童已经具有一定的思维能力，当她学会如何用文字来表达自己的思想和观点后，家长所需要做的只是以下方面。

一、创设写作中的安全的心理环境

对于儿童来说，写作是一项复杂的智力活动，既要关注写作的内容，又要关注语言、材料组织，还要关注语法和字词的准确。心理学研究表明儿童短时记忆能力是非常有限的，因此他们在写作时，会出现顾此失彼的现象。比如一些不会写错的字词在写作文时会写错，标点符号用错了，语句不通顺等，这些都是很正常的现象。

很多家长或者老师在低年级儿童写作文的时候，喜欢去看他们是怎么写的，特别是喜欢指导他们如何写。如当看到儿童写错字词的时候，往往会及时指出，其实这种做法往往不利于低年级儿童的写作。低年级儿童在写作的时候，家长不要参与，应让孩子独自、不受打扰地一口气写完。家长和老师还应告诉孩子，写作文的时候应一口气把文章写完，写错的字词不要关注，不会的字词可以先空着，这样才能保证思维的流畅，文章写完了以后，再进行字词句的修改。低年级儿童写作完成后，家长和老师对于儿童的一些文字语法的错误也不必过于追究，只要改过来就可以，不要严加指责。如果过于追究，也可能产生一些消极后果。因为如果在写作中，儿童过于在乎自己写的字词是否准确，会在写作中变得小心谨慎，会根据自己掌握了哪些词汇来写，这样会限制写作水平。其实低年级儿童所掌握的口语词汇量远远高于他们的写作词汇量，如果他们写作仅仅根据掌握的写作词汇量来写，文章必然少了很多生动有趣的内容。同时为了避免错误，也会阻碍儿童连贯的叙述和思维，他们会把应当用于积极思考的精力，用于避免错误上去。甚至，在极端的情况下，会消极地以沉默作为减少错误的最好的方法，写作的热情也就消失了。儿童写作的时候，家长不要去观察和指导，可以在写作之前和之后进行指导。笔者在观察美妞写作的过程中，发现因为不过分重视字词的错误等，反而使她形成了轻松的写作环境，使她在写作中敢于大胆地使用自己的口语词汇，从而使文章变得生动有趣。

二、家长对儿童的写作选材和内容应保持开放心态

家长为孩子创设安全的心理环境，除了对于写作中的错误等不用过多关注外，还表现在对写作的内容也不用过多干涉。让儿童能够通过写作自由表达自己的思想。家长对孩子的写作选材和内容要保持开放的心态，理解和接纳孩子的感受，并以积极的方式回应。美妞在写日记的时候，经常会把对家长的不满和批评，甚至对家长无伤大雅的嘲笑等都写出来。对于这些内容，笔者从来不会在意。

2015 年 7 月 14 日(美妞 12 岁 1 个月)

今天，给大伙讲一个真实的故事，它真实具体地说明了我妈绝对是路痴。

妈妈："从这道门进去就是家属院了。"

美妞："不是吧。"

妈妈："是这儿，没错。"

美妞："不是吧。"

妈妈："就是这道门。"

美妞："不是吧。"

妈妈："绝对是这儿。"

美妞："不是吧。"

妈妈："啊，的确不是。"

在这一则日记中，她通过日记记录了笔者如何犯傻的笑话。在本书的前面部分有一则美妞写的日记《致天下所有的孩子们》，在这则日记中她其实是在批评笔者。看到这些内容，笔者从来不会批判，她有她的言论自由。所以，美妞在写作中，很少顾虑什么该写什么不该写。

三、丰富儿童的生活体验，建立写作与生活的联结

图式是儿童写作中的重要方面。作文，作为一种认知活动具有一定的

心理结构，这种心理结构包括图式、通话、适应和平衡四个方面。图式是人类认识事物的基础，在作文心理结构中，作文图式是学生作文认识系统的起点和核心，它围绕着作文这一主题组织知识的网络结构[①]。因此家长在指导儿童写作的时候，应该重视儿童原有的图式结构。当然这种图式包含有命题的或概念的网络结构，即陈述性知识；也含有解决问题的方法、步骤即程序性知识。现代认知心理学认为，图式中还包含着对认知过程进行调控的策略性知识。

同化是个体适应环境的技能，在作文心理过程中，同化指对新的作文知识进行过滤或改造，并纳入学生已有的作文心理图式中，它能引起作文心理图式的量的变化。在学生的作文心理图式中，原有的作文知识往往与新学习的作文知识之间存在着一种相似效应，即原有知识与新知识有关但不相同。顺应指有机体调节自己内部结构以适应特定刺激情境的过程。在作文过程中，学生遇到了新的作文知识或作文现象，但自己原有作文心理图式中没有与之相关的内容，同化就无法发生。平衡主要是指对同化作用和顺应作用两种机能的协调与平衡。[②]

《家务机器人》是美妞在三年级时写的作文。

家务机器人

每天，妈妈们都要做许多家务，如扫地、拖地等。妈妈们太辛苦了！

如果有一种可以帮妈妈们做家务的机器人，那该多好啊！其实现在已经有了会干家务的机器人，它们非常能干。

不过妈妈们还是不满意。因为这些机器人不能沾水，一旦沾水，它们就会"死掉"。有时候小孩一不小心就会把水弄洒，机器人不知道，踩上这些"地雷"就会把机器人"炸伤"。不可能让妈妈们天天拉着"炸伤"的机器人跑到"机器人医院"看急诊啊！

我想应该在机器人头上安一个扫描器，只要扫描到水，扫描器就会立刻转告机器人，机器人就会马上拿出抹布把水擦干。

有了这种"防水"的机器人，妈妈们只用坐在沙发上指挥就行了。妈妈们轻松多了。

我们可以通过对这篇作文的分析来看儿童的作文心理图式。家务机器人无疑是儿童想象出来的。但这些都是建构在儿童原有的图式的基础上。

---

① 刘淼：《写作心理学》，北京：高等教育出版社，2001年。

② 刘淼：《写作心理学》，北京：高等教育出版社，2001年。

首先，美妞表达了妈妈们要做很多家务如扫地、拖地等，所以妈妈们很辛苦。这是她的第一个图式。其次，现在其实有很多机器人都很能干，但大部分机器人怕水，沾水就会"死掉"。因为美妞自己有这样的体验，她在这个年龄的时候痴迷于用MP3听故事，一年会用坏好几个MP3。因为她常常忍不住在上厕所的时候、洗手的时候，甚至于洗澡的时候，把MP3带进浴室，因此很多MP3就是这样进了水坏掉了，为这个她没少挨我们的批评。所以美妞把自己的这个经验迁移到写作中来。最后，机器人沾了水就会"死掉"，因此需要送到医院救回来。儿童有时生病就需要上医院，在日记里美妞用到了急诊这两个字，因为8岁的美妞那一年多病，而爸爸妈妈忙碌，经常没有时间在正常的时间带她去医院，一般都是去急诊室看病，所以她采用了急诊的图式。以上的三点应都属于陈述性知识。

机器人生病了，那是要去看病的，妈妈带机器人去看急诊，这应该属于程序性知识，因为美妞对此熟悉。她之所以会写出这样的文章，全部都是基于她原有的图式，然后通过同化、顺应和平衡，重新组成新的作文。

通过对儿童作文的图式结构的分析，我们可以看到，丰富儿童的图式结构是非常必要的，让儿童有表达的内容，这是进行写作的前提，因此知识经验的积累是儿童写作的前提。

通过布置真实的、现实世界的、充满个人意义的写作任务，可以激励学生确立写作的具体目标，并且学会达到这种目标的写作技巧。任何作品必须以生活的海洋为源泉，正如车尔尼雪夫斯基在他的著作《艺术与现实的审美关系》中所说："凡是在生活的土壤中不生根的东西，都是会萎靡的，苍白的，不但不能获得历史的意义，而且它的本身，由于对社会没有影响，也将是微不足道的。"作文不真诚就不能动人。情感真实是文章生命力之所在、感染力之源泉，是达到艺术真实不可缺少的主观条件。作文要表达真情实感，"情"是写作的血液，无论哪一种文体都离不开情。然而今天儿童的写作是为了迎合老师的评价标准，无论是从选题还是材料的选择，都很难表现自己的真情实感，很难写出内心真实的想法。这些制约了儿童情感的产生、发展和表达，降低了儿童对写作的兴趣。

四、建立与生活的联结

正如笔者在前面所谈到的要丰富儿童的生活经验，但同时我们也要意识到很多时候并不是儿童不具有生活经验，而是儿童没有学会如何与生活建立联结。造成这种现象的原因在于儿童把真实的、完整的生活窄化为"非常态生活"，已然删除了大量的、经常的、基础的常态生活，因为他们将生活拔高为"有意义的生活"，而摒弃了那些看似"无意义的生活"，这样一来，可以写的生活固将少之又少、空之又空。①

实际上，这背后隐含的观念在于教师、学生认为现有的生活太平凡，不适合写作，而要制造各种各样的"非凡生活"。很多时候，孩子们以为写作就是要写一些高大上的体验，而忽视了自己真实情感的珍贵。所以家长需要帮助儿童建立与生活的联结，如何在一件平常的事情中，写出自己对生活的感悟和体验，让儿童意识到写作就是"我手写我心"。"千教万教，教人学真，千学万学，学做真人"，陶行知先生的这句至理名言，虽是整个学校教育的育人目标，其实也可以视为作文教学的最高法则。成人在辅导儿童面对一个写作话题时，首先考虑的是教一些写作技巧之类的东西，忽视对儿童生活体验的唤醒、提选。实践证明，引导学生充分打开生活经验，唤醒长时记忆中的感受、体验，能够帮助儿童主动把其中蕴含的写作资源开发出来。

儿童生活与儿童写作彼此相连，我们对这种联系认识得越深刻，在写作中帮助儿童建立联结的要素与领域就越广泛，如此儿童在系统化的写作建构中就越具有自主性、探索性与价值感，进而实现对儿童言语生命力的滋养，促成儿童写作表达能力的提高。

五、仿写策略的运用

仿写策略在写作心理学中被称为"阅读—写作迁移策略"，主要是指作者在写作文时先找一些范文，通过阅读范文在自己心里形成映像，并模仿范文的结构、句子等来写作文。对于还处在写作初级阶段的儿童来说，模仿学习是一种非常重要的写作方法。"仿写是写作最初阶段的重要策略，也是最终建立稳定写作认知结构的重要手段，也是创造性写作的基础；学生在仿写过程中，通过不断地回忆心理映像，加强心理映像，最终纳入自己的认知结构中，达到以仿写为中介，最终达到自己独立写作的水平。"②因此儿童模仿范文进行写作可以有效地为写作创新奠定良好的基础。

在笔者对美妞的作文指导中，没有使用过这种策略，但通过观察笔者

---

① 杨宁：《小学高年级学生语文习作困难体验研究》，湖南师范大学 2019 年硕士论文。

② 刘淼：《写作心理学》，北京：高等教育出版社，2001 年。

发现美妞学校布置的一些作文就是要求孩子们仿写。下面的这篇公园游记是美妞在六年级的时候仿写的。语文老师在指导他们学习了一篇文章后，要求他们仿写一篇描写景色的文章，美妞就在家附近的一个公园游览后进行了一段描写。可以看出来，这篇文章的仿写效果还是很不错的。

2015 年 3 月 24 日（美妞 11 岁 9 个月）　公园游记

下午，当夕阳懒懒散散地将它的最后几抹阳光毫不吝啬地洒在湖畔。我坐在湖边的石台阶上享受着这天最后的温暖，看着湖面。

夕阳将湖面染成了血的颜色，真是"一道残阳铺水中，半江瑟瑟半江红"啊。我呆呆地望着波光粼粼的湖面发愣，脑子一片空白，好像被春风吹散了一般。春风拂面，像轻纱一样柔，像丝绸一样滑，吹走了、吹断了思绪，却吹来了困倦。微风在水面上跳跃、游戏，湖上荡着微波，一波接着一波，好像会日复一日、年复一年地重复，后浪推着前浪。微波荡着、漾着，波浪缓慢地拍打石阶，"哗——哗——"水声缓慢地、千篇一律地重复着这春日的催眠曲"睡吧，睡吧"。就连这水声似乎也不愿再动弹了。暖阳散在身上，送给我无限温暖。我似乎也困了，合上眼，也想和春天一起沉沉睡去。

模仿可以从模仿结构、模仿立意和模仿语言三个方面来进行。[①] 模仿结构是成人提供一个结构清晰的语段让儿童进行仿写，比如学习描写的顺序，仿写议论文语段的结构。语段仿写是比较有效的语段结构训练手段，儿童通过仿写可以在比较短的时间里习得基本的作文结构技巧并加以运用。美妞的《公园游记》是一篇很明显的景物描写的模仿。衡量一篇文章价值的大小，主要是看其立意的深浅高低，立意是决定文章价值的重要因素。儿童由于知识水平和生活阅历的局限，难以从生活中获取写作所需的大量直接经验，难以有什么深刻的立意。所以对优秀范文的借鉴不失为一种提升立意品级的有效办法，它可以帮助儿童获取所需的知识体验，使作文达到立意明确、新颖、深刻的要求。语言是文章的基本要素，语言的习得和表达的规范也要先从模仿开始。在作文语言训练中提倡仿写，即从范文中吸收所需的养分，学习其中极富生命力的东西，以丰富儿童的写作，使其文章语言准确鲜明、形象生动，甚至富有文采。语言的模仿训练应该选择典范的书面语、有鲜明语言风格的范文，特别是一些语言大师的作品。

---

① 王娇林：《高中生写作优秀者个案研究》，扬州大学 2011 年硕士论文。

仿写作为一种写作训练方法，可帮助儿童养成规范的语言表达习惯，建立合理的文章结构。但是仿写不等于生搬硬套原文。模仿的根本目的在于为有个性的创新表达奠定基础，一味模仿则会丧失自我，没有个性。成人要指导儿童正确对待模仿，鼓励他们进行有创意的表达，写出自己的个性。由仿写策略也可以看出阅读和写作之间的关系。通常来讲，阅读和写作是语文学习中的两个重要方面。阅读是学生积累生字词、发展思维、拓宽视野，进而认识世界的重要手段，是语文学习的"输入过程"；写作是学生运用语言文字进行自我表达和与人交流的重要方式，是语文学习的"输出过程"。没有输入难以输出，只有输入却"无法有效输出"或"输出水平不高"。因此家长要引导儿童与阅读经验建立联系。一般来说，阅读经验丰富的儿童相比于阅读经验不够丰富的儿童更容易建构一个优秀的作文内容。但是因为儿童的阅读经验不会自发启动，也不会自动与当下的写作任务建立关联。此时需要家长帮助儿童建立与阅读经验的联系，比如让儿童先说一说自己最喜欢的故事等，学生就能去模仿、迁移，转化到自己的作文创作中来。

结　语

儿童语言习得的过程是一个纷繁复杂的过程，儿童的语言能力发展受到的制约因素也相对复杂。如果我们在培养儿童的过程中，能够更好地注意到这些因素，并且根据这些影响因素进行教育，提供儿童所需要的支持系统，在很大程度上一定能促进儿童语言能力的发展。建构主义强调学习环境的设计，寻求如何为学习者提供一个支持性的环境。这种对儿童语言发展的学习环境应如何构建呢？我们认为这种学习环境应该包含以下几个方面。

一、成人的支持作用

促进儿童语言发展的根本在于把语言发展与学习者日常学习和生活中的语言应用结合起来。因此构建促进儿童语言发展的环境在于创设适合儿童口语发展、阅读发展和书面表达能力发展的情境。儿童语言发展的情境一是儿童主体的社会因素、心理因素，通常称为主体情境因素；二是儿童主体所处的社会文化环境，通常称为客观情境因素，包括与任务相关的物理结构、概念结构、活动目的和社会环境。恰当的语言环境能够激发儿童语言表达兴趣，有利于促进儿童的语言发展，因此创设恰当的任务情境既是推动儿童语言学习的前提条件，又是推进语言学习顺利展开的环境条件。

但在所有的环境中，对于3～12岁儿童来说，家庭环境无疑是最为关键的环境因素，无论是口语表达环境、阅读环境还是书面表达环境，都在很大程度上由家庭环境所决定，特别是口语表达环境。大量研究表明，在早期亲子互动过程中，儿童言语发展不仅受到父母言语运用、词汇掌握、语法使用的影响，更受到父母的敏感性、关注度和反应性这些互动风格的影响。[①] 研究发现，母亲语言输入的质量是造成不同阶层家庭的儿童在词汇积累和运用方面存在显著差异的一个关键因素。母亲言语的数量、所用

---

① Hoff E. How social contexts support and shape language dvelopment，Developmental Review，2006(1)：55—88.

词汇的丰富性、问问题的比率、言语长度可以有效预测儿童的言语发展。[①]除了母亲言语在纯语言学上的数量和质量对儿童言语发展产生影响外，母亲与儿童语言互动的模式也是造成儿童语用技能差异的关键因素之一。社会经济地位高的家庭的父母往往较多与子女展开高质量的互动活动，如对话交谈、分享阅读，有目的地指导儿童的图画观察和故事讲述，从而提高儿童的语言能力。目前我国有关母亲言语方面的研究成果还不够丰富，国内的相关研究主要集中在母亲言语词汇输出特征和语用交流行为特征两方面，较少关注母亲言语的互动特征，特别是敏感性和反应性特征。[②]

家庭是儿童早期发展的最重要环境，亲子关系和家庭学习环境的改善能够显著地提高儿童的入学准备水平。美国心理学家布朗芬·布伦纳的社会生态理论(也被称为生态系统理论)将家庭视为对儿童影响最直接的微观系统的重要组成部分，认为可以通过优化系统的整体功能来促进学前儿童的语言学习和发展。同时，微观系统各要素之间的相互作用关系即中间系统若能产生积极联系与配合，会产生事半功倍的效果。换言之，在儿童教育中，家庭教育在很大程度上可以弥补学校教育所缺乏的丰富性、持久性和个体性，良好的家庭环境与学校共育模式能够使儿童的发展实现最优化。家长拥有任何园所、校内校外辅导机构教师无法比拟的优势，即对儿童的高度了解和长期的亲密陪伴。

二、教育的敏感性

教育契机就是最恰当的教育时机，教育契机是指在教育过程中教育事件发展或转化为他事件的关键、枢纽，是决定性的环节。具体地说，教育契机是指对儿童进行某种教育或解决学生某个问题的最佳时机。它是在教育实践过程中自然生成的或有意创设的某种关键性事件或情境。它有利于促使成人尽快成为儿童学习活动的支持者、合作者和引导者；促使成人发现儿童感兴趣的事物、游戏和偶发事件中隐含的教育价值，把握时机，积极引导。教育契机是一个时机，具有一定的时效性，有些机会往往转瞬即逝，因此成人在教育儿童时需要具有敏感性才能抓住这种教育契机。

---

① Hoff E. Interpreting the early language trajectories of chileren from low _ SES and language minority homes：Implications for closing achievement gaps, Developmental Psychology, 2013, 49(1)：4—15.

② 陈杰，Peipei S，孟祥芝：《成人言语输入对儿童早期单词获得影响的个案追踪》，《心理学报》，2009 年第 8 期，第 715—725 页。

这种教育的敏感性一方面表现在我们要关注儿童语言发展的关键期。"伦内伯格把儿童的语言发展看成受发音器官和大脑等神经机制制约自然成熟的过程，而大脑的成熟及其对言语器官的调节是逐渐形成的，其中有一个最适宜、最迅速的年龄阶段，即关键期。"①在口语方面，儿童在这个时期倾向于模仿，儿童听到的语言将成为其模仿的对象，所以家长应以适宜的语言多与儿童交流，给儿童丰富的语言素材及表达机会。在书面语方面，有实验表明："幼儿阶段学习书面语言对个体小学阶段自信心与自我效能感的形成产生积极影响，随着对书面语言的掌握，幼儿会越来越感受到自己具备了对符号世界的操作能力，其自信心与自我效能感会越来越强。"②为此，父母及幼儿教育者应及时抓住儿童语言习得的关键期，给予儿童耐心且适宜的指导和帮助，为儿童提供丰富的书面语言素材及操作机会，从而充分发展儿童的书面语言技能。成人总是以儿童能够接受的程度来使用语言，而且会根据儿童对语言的敏感度的发展而加大话语的难度。

这种教育的敏感性还体现在，我们对于儿童的一种关系性的感应。教育是一种"关系"，是要触及儿童心灵深处的变化。这种关系性的感应是非常细微的，可能是不易察觉的，因此我们要对儿童的变化保持敏感、好奇，要积极地深入儿童的内心世界，关注儿童与同伴、儿童与成人、儿童与环境之间产生的教育意义。敏感与好奇将指引着我们关注儿童的一举一动，仔细体会儿童的内心体验，挖掘儿童成长中细枝末节的变化所蕴含的深层意义。

这种教育的敏感性要求我们去关心儿童。关心意味着一种关系，意味着关心者对被关心者的尊重和理解。当真正关心一个人，就会认真去倾听他、观察他、感受他，愿意接受他传递的一切信息，关注被关心者的需要，也感受到一种要帮助他的愿望，这是一种关心关系的连接和交流。家长如何才能倾听孩子的呼唤，是需要学习的。在范梅南的《教学机智——教育智慧的意蕴》一书中，提到一个祖母对于产生疲倦情绪的孙子带来一种积极的音乐的情绪，然而祖母本人并没有真正想到会达到这样的效果，只是内心的一种冥冥的召唤。③ 那么，这种召唤源自哪里？来自成人对于

---

① Lennerberg, E. H. Biological Foundations of Language, New York: Wiley, 1967: 32—33.

② 莫雷、陈新葵、张金桥等：《幼儿期书面语言习得对后续发展的影响研究》，《学前教育研究》，2005 年第 9 期，第 21—23 页。

③ （加）马克斯·范梅南：《教学机智——教育智慧的意蕴》，北京：教育科学出版社，2001 年。

教育的敏感性。

成人的教育敏感性是在积累一定的实践经验的基础上，逐渐形成敏锐地感知教育情境或教育问题，迅捷做出专业判断，及时把握教育契机，采取适宜教育行动的一种反应性。尽管这种反应可能不太准确或全面，但它反映了成人的一种专业直觉和专业自觉，体征出教师一定的"关心品质"和"教育适切性"，是教育智慧的一个具体内容和表现形式。

当父母的学问是在日常的生活细节中寻找教育契机。在《教学机智——教育智慧的意蕴》一书中，范梅南曾用祖母听孙子拉琴的故事，深刻地揭示了教育的含义，也明确地指出了什么是教育。教育就是一种良好的关系，彼此之间能够感觉到。家长能听到来自孩子的召唤，孩子也能听到来自家长的召唤。

6岁的美妞一天早上躺在床上，突然问起来："妈妈，你好久没有给我记妈妈手记了吧?"那一阵确实是有好些天没有写了。于是笔者问美妞："你怎么知道妈妈没有给你写日记?"美妞说："我可以感觉出来。"笔者很诧异，这也可以"感觉"出来吗? 看来，是有心灵感应啊。尽管她没有盯着笔者是否写育儿手记，但也许她从笔者对她的某些反应，也许只是一句话或者一个眼神，就读出了这种信息。这就是教育产生的地方。最好的家庭教育就是关系和爱的教育。没有一种所谓最好的教育，而现实是我们总是想去寻找一种最好、最优的教育。适合的教育不是固定的程序、方法，这一点也许会让我们有深深的忧虑。但适合的教育还是有一定可供寻找的方向。在现象中学习，回到现象，回到生活，回到儿童的经验，在倾听理解中学习。家庭教育也是同样，没有一种所谓最好的家庭教育。家庭教育就存在于良好的亲子关系和爱的教育中。

三、创设情境，与儿童多交流

促进儿童语言发展的方法有很多，但要说最有效的方法，那一定就是与儿童进行深入交流。因此，创设多种情境，鼓励儿童大胆地表达，才是提升儿童语言运用能力的根本途径。家长和教师要与儿童进行"高质量"的交流活动。这里的"高质量"并不是提倡语句结构的复杂和完整，而是更加强调积极参与、共同关注的过程。共同关注和共同活动是儿童获得语言的保证，听者的注意和言语交流的背景是预测言语交流是否成功的两个核心要素。共同关注反映了两者(成人和儿童)对相同客体和话题的关注，表明了听者对于说话者的理解，以及儿童能否使用语言达成目的和获得愉快的经历。因此，在与儿童交流的过程中，积极地回应孩子提出的话题，对他们所说的内容体现出真正的关心，才是保证儿童"想说、敢说和喜欢说"的关键。交流的情境不仅仅局限于集体活动、游戏情境，实际上日常生活中的交流也是非常重要的。

儿童语言的发展不是通过反复的训练和练习，语言的发展绝不是简单的模仿和强化，儿童语言的学习不是为了掌握多少个词汇，不是为了掌握句法和语篇的结构，不是为了掌握阅读的策略，也不是让儿童掌握多少写作知识和技巧，语言的根本在于交际，在于运用。因此儿童学习语言是为了运用掌握的语言与别人沟通和交流。通过口语交际表达自己的想法和思想，通过书写表达自己的思想和想法，通过阅读了解别人的思想和想法。语言不是知识，语言是活动，语言是实践。因此对于成人来说，促进儿童语言发展最好的方法就是沟通交流。儿童是在交流中学习使用语言的。父母要多跟孩子交流。交流不只是零星的话语。交流的目的是让孩子掌握各种词汇，并学会它们的使用方法。①

尽管婴儿有语言天赋，但仅仅听他人谈话，仅仅接触语言，还是很难习得语言的，必须积极参与到语言使用中。儿童如果只是看大量电视节目，也不一定保证学会单词或语法。经常参与使用语言的社交互动，对于掌握语言来说更为重要。因此，儿童与成人尤其是母亲之间的互动和交流，对于儿童在语言形成过程中取得进步至关重要。尤其是在生命最初的几年，在咿呀学语的阶段，互动越多，婴儿的语言能力越好，发音更准确有力。可见，早期的联系是很重要的，最好让儿童一直处于成人和其他儿童的陪伴下，处在一个有着动听、清晰的声音的环境之中，而且被动听的效果远远比不上主动交谈。

儿童习得语言的整个过程都是处在一定的语言环境中，其中最重要的就是成人的影响，而儿童接受最早最多的语言刺激来自其父母。成人在儿童的语言习得中扮演着更为积极的角色，而非仅仅是提供语言模型。为了使儿童能够以他们能够理解的程度去使用母亲的语言，成人和儿童保持交流，让他们学会如何扩展句子，学会适应不同的语言场合，并学会在语题转换中保持一致话题，进而学会规范地使用语言。这当中，成人会有意识地用母亲语言来和儿童交流，以达成上述目的，这也是母亲语言特征和重

---

① （美）达娜·萨斯金德：《父母的语言》，北京：机械工业出版社，2020 年。

要性所在。

家长与孩子的对话越多，孩子词汇量增长就会越快。家长在与儿童交流的时候，要去寻找儿童喜欢的交流方式，而不是用家长喜欢的交流方式。这种交流方式也要能促进儿童口语表达能力的提高。家庭通过让儿童积极地复述、扩展和重构儿童所说的句子，给儿童一些有趣的话题，这些都会促进儿童表达的欲望。

尊重儿童，把儿童当作一个能够理解的听众，就会产生自我实现预期。这样长期的交流就会让儿童对外界的言语模型产生匹配。

在今天这种快节奏的生活中，很多家长没有时间坐下来认认真真地教育自己的孩子，而对话是非常适合这种快节奏生活的教育形式。在孩子成长的过程中，对话是我们采用最多的教育形式。一方面，对话有利于亲子关系的和谐；另一方面，对话是最方便的一种教育形式，在任何时间、地点都可以进行。同时，对话的过程既是家长表达自己真实认识和态度的过程，又是倾听孩子思想的过程。笔者的孩子爱提问，在她的脑袋里产生的任何一个问题，她都要问个水落石出，于是，教育就在我们之间的一问一答或者讨论中展开。

父母亲要学会在日常的生活细节中寻找教育契机。教育与生活密不可分，从来没有脱离生活的教育，对于一些父母来说可能没有意识到这个问题。殊不知家长的一言一行都是教育，生活就是教育，教育就是生活。

四、儿童语言发展与儿童的认知发展分不开

儿童认知能力的发展影响着儿童语言能力的发展。无论是词汇的丰富，还是口语能力发展、书面表达能力发展、阅读能力发展，都与认知能力发展息息相关。因此我们应该遵循认知的发展规律来对儿童进行语言教育。

在对儿童进行语言教育的时候，首先要遵循认知规律，应按照从易到难的顺序，从具体到抽象的顺序进行。儿童语言学习是一个不断发展的过程，在不同年龄阶段会因认知水平的不同而呈现不同的特征。在儿童成长的语境中，父母在语言输入与儿童现有的认知及语言水平相协调方面起着尤为重要的作用，特别是母亲的作用不容忽视。这就要求父母和教育者在对儿童进行语言输入时应了解儿童语言发展的不同阶段的特征，充分考虑儿童语言发展的规律，并在儿童不同年龄阶段给予足量的可被理解的语言

输入，才能更有效地促进儿童语言学习。

其次，父母在进行语言输入时要注意培养儿童的思维能力，有意识地进行这方面的教育，采用多鼓励、多引导的方式，启发儿童进行抽象思维，这不仅会对儿童思维能力的提高有较大帮助，而且也会直接影响到儿童语言的发展。[①] 例如引导儿童在学习的时候能利用已有的经验进行同化，在新知与旧知之间建构其认知的桥梁，从而降低学习难度，达到较好的学习效果。我们知道写作是思维的一种外在表现形式，思维贯穿整个写作过程，没有思维的尝试就没有写作。

最后，我们认为儿童一出生就与语言进行着亲密接触，对儿童实施有目的的语言教育宜早不宜迟，当然这种教育有别于正规的学校教育。对低龄儿童实施的语言教育，应与情感教育、行为教育、个性教育、习惯教育等内容结合起来。我们期待着这种教育能够在语言学、心理学和教育学研究者的共同努力下，逐步走向科学化和现代化。[②]

[①] 王永坡：《汉语早期儿童的隐喻机制及多义词发展研究》，首都师范大学 2007 年硕士论文。

[②] 魏锦虹：《低龄儿童词义理解的制约因素》，《绵阳师范学院学报》，2003 年第 1 期，第 90—92 页。

参 考 文 献

1. Skinner，B. F. Verbal Behavior[M]. New York：Appleton Century-Crofts，1957.

2. Chomsky，N. Knowledge of Language：Its Nature，Origin，and Use[M]. New York：Praeger，1986.

3. Piaget，J. Judgement and reasoning in the child[M]. New York：Harcourt，Brace，1928.

4. Vygotsky，L. S. Mind in sicieth：the development of higher psychological process[M]. Cambridge，MA：Harvard University Press，1978.

5. Halliday M. A. K. The language of early childhood[M]. Beijing：Peking University Press，2007.

6. 马克斯·范梅南. 生活体验研究人文科学视野中的教育学[M]. 北京：教育科学出版社，2003.

7. 特里萨·M. 麦克德维特，珍妮·埃利斯·奥姆罗德. 儿童发展与教育[M]. 北京：教育科学出版社，2007.

8. 彭聃龄. 语言心理学[M]. 北京：北京师范大学出版社，1991.

9. 珍妮佛·塞拉瓦洛. 美国阅读技能训练[M]. 北京：北京科学技术出版社，2019.

10. 朱文彬，赵淑文. 高等教育心理学[M]. 北京：首都师范大学出版社，2007.

11. 黄希庭. 简明心理学辞典[M]. 合肥：安徽人民出版社，2004.

12. 欧群慧，赵子欧. 和孩子一起读书的幸福[M]. 北京：清华大学出版社，2014.

13. 乔纳森·卡勒. 结构主义诗学[M]. 盛宁，译. 北京：中国人民大学出版社，2018.

14. 陈望道. 修辞学发凡[M]. 台北：文史哲出版社，1980.

15. 翁世荣. 文学写作教程[M]. 上海：华东师范大学出版社，1984.

16. 梁启超. 作文入门[M]. 北京：教育科学出版社，2007.

17. 刘淼. 写作心理学[M]. 北京：高等教育出版社，2001.

18. 达娜·萨斯金德. 父母的语言[M]. 北京：机械工业出版社，2020.

19. 商晓娜. 一年级的小蜜瓜[M]. 济南：明天出版社，2007.

20. 商晓娜. 一年级的小豌豆[M]. 济南：明天出版社，2007.

21. 马克斯·范梅南. 教学机智——教育智慧的意蕴[M]. 北京：教育科学出版社，2001.

后　记

2005 年我开始记录美妞的成长日记。记录成长日记最初只为记录下女儿生活中的精彩瞬间。记录的时间也没有强制性的要求，只是遇到有意思的、好玩的，就记录下来，想着当美妞长大以后，可以作为一个礼物送给她。没有想到的是，从两岁时开始的一些零星记录，断断续续，一直到美妞初中毕业，长达 10 年多的时间，已经积累了 100 多万字的原始记录。对于这些原始的记录，刚开始并没有意识到它可以成为研究儿童的原始资料，所以在记录的时候，没有任何目的性，只是作为一个妈妈来记录孩子的成长过程。但不可否认的是，具有人类学、教育学背景的妈妈，在记录的过程中，多少会受到自己学术背景的影响。但现在回过头来看，觉得还是有很多遗憾和不足。因为不是有意识地记录和观察，所以导致在重新翻看这些原始资料的时候，觉得有些资料是不完整的，如果当初能够想到有朝一日这些手记会作为一份珍贵的研究儿童的原始资料，我一定会记录得更全面和细致。现有的资料基本上也可以说记录了女儿成长中的一些关键事件，虽然不是非常全面深入，但还是能窥探到一个儿童在成长过程中各个方面的线索与轨迹。

但通过分析这些记录，可以非常明显地发现，我所记录和观察的重点，更多地来源于女儿与我们的对话，来源于我对于什么是儿童、什么是儿童教育的一些思考。在所有的记录中，资料最为密集的是女儿从上幼儿园到小学毕业的将近 10 年的时间。

我记录的育儿手记后来在自己的朋友圈中传阅，大家反映还是有一定的可读性。于是在朋友们的帮助下，意外地出版了两本关于儿童家庭教育的书籍。但在我的内心，一直有一个想法，想在已有资料的基础上能够出版一些关于儿童语言发展的书。因为毕竟这些育儿手记，更多的是通过与孩子对话的方式呈现的，这些资料很多本身就是语料。通过这些资料能够看到一个孩子语言各个方面的发展情况。但我知道这个想法有些太难了。因为我毕竟不具有儿童语言发展方面的理论基础。如果要对这些资料进行专业的分析，我要补充的理论基础就太多了。所以，这个想法一直埋在我心里。

这本书之所以最终能够出来，最感谢的应该是首都师范大学初等教育学院刘慧和李敏两位院长的支持。她们坚定地支持我把自己的手记整理成研究成果。如果没有她们的支持，也就不会有这本书。

在整理和分析这些资料时，我发现自己太低估这个工作的难度了，因为儿童语言发展是一个非常庞大的体系，其中儿童词汇发展、儿童口语发展、儿童口语表达、儿童书面语言表达，哪一个领域都是非常庞大的领域。如果要写这本书，我要对美妞的语言资料进行整理，要对这些理论、知识都了解才行。因此在整理书稿的过程中，这样的困难一直在影响着我的前行。书的框架经过多次的推倒重来，反反复复，有好几次，我都要放弃。然而内心里总有一个声音问我，你真的要放弃吗？

从 2019 年一直到 2022 年，我的进展非常缓慢，因为我需要一点点地啃，一点点地前行。直到 2021 年，我开始感觉有一些信心了，这时候我开始读了一些关于儿童语言发展的理论文献，也开始能从语言发展的角度重新审视我所收集的资料了。在看完了几十本书后，我的书稿也就慢慢地成型了。我知道自己想干什么了，知道自己可以干什么了。不知不觉中，书稿也在这段时间慢慢写完了。

感谢在美妞成长过程中给予她帮助的老师们，在很大程度上是他们培养了她的语言表达能力。特别是美妞在小学和中学阶段的语文老师们，是他们培养了美妞的读写能力。作为家长，我只是帮孩子打下了一个较好的口语表达能力的基础，只是利用学校老师们的培养，在家庭这个环境中扩大了教育的效果。在这里，向美妞的老师们说一声谢谢，谢谢贾老师、马老师、潘老师和姜老师。

感谢我的同事们和朋友们，在多次学术交流会上，我利用美妞的例子来报告我所理解的儿童教育，同事们对我所列举的例子非常感兴趣，对我的研究给予了极大的鼓励和支持。正是他们的鼓励和支持，让我觉得这样的研究是值得去做的，让我觉得这个方向是正确的。

感谢我的两位研究生杜娜和刘立旭，他们帮助我对美妞进行了关于阅读和写作的部分访谈，在本书中呈现的几段关于以上内容的访谈都是他们工作的成果。

最后，最需要感谢的是我的女儿。首先感谢我们彼此的陪伴，我陪伴她长大，她陪伴我去看见一个儿童的成长。她小时候说的那些话，做的那些事，是多么有趣，在一个妈妈的心中，那将永远是最美丽的。哪怕今天我重读那些童年趣话，还是会露出开心的笑容。当时的很多场景还留在我的记忆里，就像昨天刚发生一样清晰深刻。其次感谢她的理解。我的很多研究都是以她为研究对象，我在给学生上课的时候也常会以她作为例子来和学生分享儿童成长的规律。她从来没有对我的这些研究表现过抗拒，甚至还非常配合。例如后期对她进行访谈等。

沉淀了十几年的原始资料，尽管有些久了，但在一个妈妈的眼里，在一个研究者的眼里，依然是热气腾腾的。这些经历了时间积淀的资料，在今天重看，却也多了一些客观和理智。